Francesco Petrarca (1304-1374) ist neben Dante und Boccaccio der größte italienische Dichter.

In seinem Leben fällt vor allem der stete Wechsel zwischen Reisen und Ruhe, zwischen städtischer Unrast und ländlicher Abgeschiedenheit auf. Er schwankte zwischen »vita activa« und »vita contemplativa«, zwischen politischem Tätigsein und einer der Muße und den Musen gewidmeten Lebensweise. Einmal fühlte er sich zum Geistlichen berufen, dann wieder zur Weltlichkeit bestimmt.

Diese Zerrissenheit bezeugt vor allem eine seiner wichtigsten Schriften: das *Secretum* oder *Über den geheimen Widerstreit meiner Sorgen.* In der Fiktion eines dreitägigen schonungslosen Gesprächs mit Augustinus, der nicht nur durch seine *Bekenntnisse* zur zentralen Identifikationsfigur Petrarcas wurde, versucht er an einem entscheidenden Punkt seines Lebens die Abgründe und Widersprüche der eigenen Seele zu erforschen. Augustinus hat er sich dabei zum Analytiker und Seelenarzt erwählt.

Der Herausgeber Horst Günther hat die Übersetzung von Hermann Hefele aus dem Jahr 1910 gründlich überarbeitet und erschließt durch Kommentar und Nachwort ein Werk, das uns eigentlich schon immer vertraut sein müßte.

insel taschenbuch 3021

Francesco Petrarca

Über den geheimen Widerstreit meiner Sorgen

Francesco Petrarca
Über den geheimen Widerstreit meiner Sorgen

Secretum

In der Übersetzung von Hermann Hefele
herausgegeben und mit einem Nachwort versehen
von Horst Günther

Insel Verlag

Frontispiz: Simone Martini, Vergil dichtend. In Petrarcas Auftrag gemaltes Frontispiz seiner Vergilausgabe. Dargestellt ist der dichtende Vergil inmitten seiner Themen: die Helden der *Aeneis*, der Winzer der *Georgica* und der Hirt der *Bucolica*. Biblioteca Ambrosiana, Mailand.

insel taschenbuch 3021
Erste Auflage 2004

Hinweise zu dieser Ausgabe am Schluß des Bandes
Vertrieb durch den Suhrkamp Taschenbuch Verlag
Umschlag nach Entwürfen von Willy Fleckhaus
Satz: Hümmer GmbH, Waldbüttelbrunn
Druck: Memminger MedienCentrum AG
Printed in Germany
ISBN 3-458-34721-6

1 2 3 4 5 6 – 09 08 07 06 05 04

INHALT

BRIEF AN DIE NACHWELT

Vielleicht hörst du einmal etwas über mich – obwohl ein so kleiner und dunkler Name durch die vielen Jahre und Länder kaum zu dir gelangen mag –, und dann wünschst du vielleicht zu wissen, was für ein Mensch ich war und wie es meinen Werken ergangen, besonders denen, wovon ein Gerücht zu dir drang oder deren armen Namen du gehört hast. Die Menschen werden über mich verschieden urteilen; denn jeder spricht ja in der Regel so, wie es ihm die Lust, nicht die Wahrheit eingibt, und man hält weder im Lob noch im Tadel Maß.

Von eurer Herde war ich einer, ein sterbliches Menschenkind; weder von allzuhoher noch von niederer Herkunft. Meine Familie, wie das Kaiser Augustus von der seinigen zu sagen pflegte, war alt. Ich war nicht ungünstig begabt, noch sittlich schlecht veranlagt, doch haben mich üble Gewohnheiten geschädigt. Die Kindheit betrog mich, die Jugend verdarb mich, das Alter hat mich gebessert und mich am eigenen Leibe erfahren lassen, daß es wahr ist, was ich so oft gelesen, daß Jugend und Lust eitle Dinge sind – das Alter, oder besser er, der Herr alles Lebens und aller Zeiten, der die armen Sterblichen in ihrer leeren Aufgeblasenheit bisweilen in die Irre gehen läßt, damit sie so, freilich oft erst spät, ihre Schwächen fühlen und sich selbst kennenlernen.

Mein Körper war in der Jugend nicht allzu kräftig, aber von großer Gewandtheit, mein Aussehen nicht hervorragend schön, aber so, daß ich in jungen Jahren gefallen konnte. Meine Hautfarbe war frisch, vom Weißen ins Bräunliche spielend; meine Augen lebhaft und lange Zeit von größter

Sehkraft, die mich aber gegen alle Hoffnung nach meinem sechzigsten Jahre verließ, so daß ich leider zur Brille greifen mußte. Auch hat das Alter meinen sonst immer gesunden Körper angegriffen und durch die üblichen Alterskrankheiten geschwächt.

Ich bin geboren von achtbaren Eltern, Florentinern, die in mittelmäßigen, offen gestanden fast ärmlichen Vermögensverhältnissen lebten und aus der Heimat verbannt waren, zu Arezzo im Jahre 1304 dieser letzten mit Christi Geburt anhebenden Zeitperiode, an einem Montag früh am 20. Juli.

Ich war ein vollendeter Verächter des Reichtums, nicht als ob ich nicht gerne reich gewesen wäre, aber ich haßte Arbeit und Mühe, die mit dem Reichtum unzertrennlich verbunden sind. Auch an üppigen Mahlzeiten lag mir nichts; bei meiner einfachen Lebensweise und den bürgerlichen Speisen lebte ich fröhlicher als alle Jünger des Apicius bei den ausgesuchtesten Mahlzeiten. Diese Gelage, die doch Schlemmereien sind und dem Anstand und den guten Sitten Hohn sprechen, mißfielen mir immer, und ich hielt es für eine unnütze Mühe, andere zu solchen einzuladen oder gar mich selbst einladen zu lassen. Gemeinsam dagegen mit Freunden zu speisen, war mir so angenehm, daß ich nichts Lieberes kannte, als wenn sie ungeladen zu mir kamen; und ich wollte nie ohne Tischgenossen speisen. Nichts mißfiel mir mehr als Prunk, nicht nur weil er vom Übel und das Gegenteil von Bescheidenheit, sondern weil er etwas Lästiges und ein Feind der Ruhe ist.

An glühender Liebe, aber nur einer einzigen und ehrbaren, litt ich in meiner Jugend, und ich hätte noch länger daran gelitten, wenn nicht ein bitterer, aber nützlicher Tod das schon erkaltende Feuer ausgelöscht hätte. Ich wünschte sagen zu können, daß ich mich von Ausschweifungen rein gehalten habe; ich kann es nicht, ohne zu lügen. Aber das darf ich offen sagen, daß ich jenes niedrige Laster, wenn mich auch Jugendglut und Fleischesschwäche dazu verführten, tief im Innern stets verabscheut habe. Und bald darauf, seit meinem 40. Lebensjahre, da ich noch genug Leidenschaft und Kraft besaß, habe ich nicht nur jede unzüchtige Tat, sondern auch jeden Gedanken daran so fern von mir gehalten, als hätte ich nie ein Weib angeschaut. Ich halte das für ein großes Glück und danke Gott, daß er mich bei Gesundheit und Lebenskraft bisher erhalten und mich von einer so niedrigen und mir stets verhaßten Knechtschaft befreit hat.

Doch ich gehe zu anderem über. Ich lernte bei anderen den Hochmut kennen, nicht bei mir. War ich unbedeutend, so war ich es noch mehr in meinen eigenen Augen. Mein Zorn hat mir sehr oft geschadet, anderen nie. Ich lobe mich furchtlos, weil ich weiß, daß ich die Wahrheit spreche. Leicht reizbar, vergaß ich Beleidigungen leicht und denke gern an Wohltaten zurück. Nach edler Freundschaft war mein Sinn stets glühend gerichtet, und ich pflegte sie treu. Aber das ist die Buße des Alters, daß man oft den Tod von Freunden zu beklagen hat. Ich wurde durch den vertrauten Umgang von Fürsten und Königen und durch die Freundschaft edler Männer so sehr beglückt, daß es mir Neid eintrug. Trotzdem zog ich mich von vielen, die ich innig liebte, zurück: so groß war meine Liebe zur Freiheit, daß ich einen, wenn nur sein Name der Freiheit entgegen zu sein schien, eifrig mied. Die besten Könige meiner Zeit liebten und ehrten mich, warum, weiß ich nicht, sie selbst mochten es wissen. Mit einigen verkehrte ich wie mit meinesgleichen und erfuhr so nicht das Lästige, sondern nur das Angenehme ihrer hohen Stellung.

Mein Geist war eher gleichmäßig entwickelt als zum Scharfsinn neigend, geeignet für jedes gute und heilsame Studium, besonders zur Ethik und zur Poesie. Diese vernachlässigte ich im Laufe der Zeit und erfreute mich an der Theologie, in der ich einen Reiz verspürte, den ich früher verachtet hatte, während mir die schöne Literatur lediglich noch zum Zeitvertreib dient. Aber am meisten beschäftigte mich das Studium des Altertums, weil mir unser Zeitalter stets mißfiel, so daß ich gern in jedem anderen Zeitalter geboren wäre, stünde dem nicht die Liebe zu den mir Teuren entgegen, und ich suchte, um die Gegenwart zu vergessen, im Geiste mich in andere Zeiten zu versetzen. Deshalb liebte ich die Lektüre von Geschichtsschreibern, wenngleich mich bei ihnen der Mangel an Übereinstimmung störte. In zweifelhaften Fällen folgte ich dem, auf dessen Seite mich die größere Wahrscheinlichkeit der Darstellung oder die größere persönliche Autorität zog.

Meine Redeweise war, wie einige sagen, klar und wuchtig, wie es mir selbst den Eindruck machte, kraftlos und verschwommen. Ich strebte auch in der Unterhaltung mit Freunden und Bekannten nie nach Beredsamkeit und wundere mich, daß Kaiser Augustus solche Sorgen kannte. Wenn es aber das Thema, der Ort oder das Publikum zu verlangen schien, strengte ich mich etwas an; mit welchem Erfolg, weiß ich nicht; das mögen die beurteilen, vor denen ich gesprochen habe. Es liegt mir nichts daran, gut gesprochen zu haben – hätte ich nur gut gelebt! Es ist ein windiges Streben, allein durch den Glanz der Rede sich einen Namen verschaffen zu wollen.

Meinen Lebensgang hat teils Zufall, teils eigener Wille folgendermaßen gestaltet: Mein erstes Lebensjahr, wenn auch nicht ganz, verbrachte ich zu Arezzo, wo mich die Natur das Licht der Welt erblicken ließ; die sechs folgenden Jahre dann, als meine Mutter vom Exil zurückgerufen wurde, zu Ancisa, dem väterlichen Landgut, 14 Meilen oberhalb von Florenz. In meinem achten Lebensjahre lebten wir zu Pisa, im neunten und den folgenden in Südfrankreich, am linken Rhôneufer, in der Stadt Avignon, wo der römische Papst die Kirche Christi in schmählicher Gefangenschaft hält und lange gehalten hat, wenn auch Urban V. sie vor wenigen Jahren an ihren alten Sitz zurückgeführt zu haben schien. Aber die Sache zerschlug sich ja wieder, während Urban selbst, was mich noch mehr erbitterte, noch lebte und seine gute Tat gleichsam bereute. Er hätte, wenn er noch länger gelebt hätte, zweifellos erfahren, wie ich über seine Haltung dachte. Schon hielt ich die Feder in der Hand. Aber der Tod ereilte ihn, als er eben seinen herrlichen Plan aufgegeben hatte – der Unselige! Hätte er doch vor dem Altare Petri und in seinem eigenen Hause glücklich sterben können! Denn wären dann seine Nachfolger wieder in Rom geblieben, so konnte er selbst als des guten Werkes Urheber gelten, und hätten sie es wieder verlassen, so würde sein Verdienst gegenüber der andern großen Schuld nur um so heller erstrahlt haben. Doch allzulange hält uns diese Klage auf.

Dort also am Ufer des wilden Flusses verbrachte ich meine Kindheit unter dem Schutze meiner Eltern, und meine Jünglingszeit unter eitlen Jugendträumen. Doch verlief mein dortiger Aufenthalt nicht ohne große Unterbrechungen. Denn volle vier Jahre lebte ich damals in dem kleinen

Carpentras, Avignon östlich am nächsten gelegen, und in diesen beiden Städten lernte ich von Grammatik, Dialektik und Rhetorik so viel, als man eben in diesem Alter vermag, oder vielmehr so viel, als in den Schulen gelernt zu werden pflegt, und wie wenig das ist, mein lieber Leser, weißt du. Dann reiste ich zum Studium der Rechte nach Montpellier und blieb dort weitere vier Jahre; von dort ging ich nach Bologna, wo ich mich drei Jahre aufhielt und das ganze Corpus juris civilis hörte. Vielleicht hätte ich es, wie viele Leute glaubten, schon in der Jugend zu etwas Großem gebracht, wenn ich bei dem einmal Angefangenen geblieben wäre. Aber ich gab, sobald ich der Rücksichtnahme auf meine Eltern ledig war, dieses Studium ganz auf, nicht als ob ich vor dem Recht an sich keine Achtung gehabt hätte – es ist ja zweifellos von großer Bedeutung und zudem voll von Anklängen an das römische Altertum, das mich so sehr fesselt –, sondern deshalb, weil seine Anwendung unter der Schlechtigkeit der Menschen notleidet. Ich wollte nicht etwas erlernen, das ich nicht unehrlich gebrauchen wollte und ehrlich nicht gebrauchen konnte und bei dessen Gebrauch die Gewissensreinheit nur auf Kosten der Unwissenheit zu retten war.

So kehrte ich im Alter von zweiundzwanzig Jahren nach Hause zurück, das heißt nach Avignon ins Exil, wo ich seit dem Ende meiner Kindheit weilte. Denn nächst der Natur hat ja die Gewohnheit die stärkste Macht über uns. Dort wurde ich allmählich bekannt und meine Bekanntschaft fing an von großen Leuten gesucht zu werden. Aus welchem Grunde, kann ich offengestanden nicht sagen und wundere mich darüber. Damals freilich wunderte ich mich nicht darüber; nach Jugendbrauch schien ich mir jeder Ehre äußerst würdig. Insbesondere wurde ich aufgesucht von der berühmten und erlauchten Familie der Colonna, die damals an der römischen Kurie weilten und ihr zur Zierde gereichten. Ich wurde von ihnen liebevoll aufgenommen und, ich weiß nicht, ob auch jetzt, damals aber gewiß unverdienterweise in Ehren gehalten. Und der bekannte, unvergleichliche Herr Giacomo Colonna, damals Bischof von Lombez, der seinesgleichen nie hatte und nie haben wird, führte mich nach der Gascogne, wo ich im Hügelland der Pyrenäen einen fast himmlischen Sommer im angenehmsten Verkehr mit dem Hausherrn und seinen Begleitern verbrachte. Mit tiefer Sehnsucht gedenke ich noch heute jener Zeit. Von dort zurückgekehrt, lebte ich bei seinem Bruder, dem Kardinal Giovanni Colonna, viele Jahre, nicht wie unter einem Herrn, sondern wie bei einem Vater, ja noch mehr, wie mit einem innigst geliebten Bruder, wie bei mir selbst und in meinem eigenen Hause.

In dieser Zeit erfaßte mich die jugendliche Sehnsucht, nach Frankreich und Deutschland zu reisen, und wenn ich auch andere Gründe vorgab, um die Reise meinen Gönnern einleuchten zu machen, so war doch der wahre Grund der Wunsch und Eifer, vieles zu sehen. Auf dieser Reise sah ich zum ersten Male Paris, und es machte mir Freude nachzuforschen, wieviel wahr und wieviel legendenhaft an dem sei, was man sich über diese Stadt erzählte. Von hier aus reiste ich nach Rom, das zu sehen ich seit meiner Kindheit glühend wünschte, und dort verkehrte ich bei Stefano, dem großen Vater der Familie Colonna, einem Manne vom Schlage der Alten, und ich wurde von ihm so aufgenommen, daß zwischen mir und einem seiner Söhne kein Unterschied zu sein schien. Diese Liebe und Zuneigung des hervorragenden Mannes zu mir blieb bis zu dessen letzten Lebenstagen immer gleich stark und lebt in mir noch jetzt und wird nie aufhören, ehe denn ich selbst aufhöre zu sein.

Von hier wieder nach Avignon zurückgekehrt, konnte ich den Überdruß und Haß, der sich gegen alles, besonders aber gegen diese mir so widerwärtige Stadt in meiner Seele erhob, nicht länger ertragen und suchte mir deshalb einen Zufluchtsort, eine Art von Hafen, und fand ihn in dem sehr kleinen, einsamen und lieblichen Tale, Vaucluse genannt, 15 Meilen von Avignon entfernt, wo die Königin aller Bäche, die Sorgue, entspringt. Von der Schönheit des Ortes eingenommen, zog ich mich mit meinen Büchern dorthin zurück. Meine Geschichte würde lang werden, wollte ich fortfahren zu erzählen, was ich dort so viele, viele Jahre hindurch getrieben. Die Summe davon ist, daß alle Werke, die ich verfaßt habe, hier entweder entworfen oder angefangen oder vollendet wurden, alle die vielen Werke, die mich noch jetzt in diesem meinem Alter beschäftigen und ermüden. Denn auch mein Geist war wie mein Körper mehr mit Gewandtheit als mit Kraft begabt. Deshalb gelangen mir so leicht die Entwürfe zu Arbeiten, die ich später bei der Ausführung als zu schwer wieder aufgeben mußte.

Hier in Vaucluse gab mir der Charakter der Landschaft ein, ein bukolisches Gedicht, ein Lied des Waldes, zu verfassen, sowie auch die zwei Bücher vom einsamen Leben, die ich Philipp widmete, dem hochbedeutenden Manne, der damals ein kleiner Bischof von Cavaillon war, jetzt aber der große Kardinalbischof von Sabina ist, der mir allmählich allein von allen alten Freunden übriggeblieben und der mich, nicht bischöflich wie Ambrosius den Augustinus, sondern brüderlich liebte und noch liebt. Und als ich einst an einem

Karfreitag durch die Berge schweifte, da kam mir der Gedanke, lebhaft und nachhaltig, über jenen ersten Scipio Africanus, dessen Name mir wunderbarerweise von meiner frühesten Jugend an teuer war, eine Dichtung, und zwar in epischer Form, zu schreiben. Was damals mit starkem Anlauf begonnen wurde, ließ ich aber, durch verschiedene andere Arbeiten abgehalten, unvollendet liegen. Das Werk aber, dem ich nach dem darin behandelten Gegenstand den Titel ›Africa‹ gab, wurde gleichwohl – ich weiß nicht, war es sein oder mein Glück – von vielen geliebt, noch ehe es bekannt war.

Während ich in Vaucluse weilte, erhielt ich merkwürdigerweise an einem und demselben Tage zwei Briefe, vom Senat der Stadt Rom und vom Kanzler der Universität zu Paris, die mich beide nach Rom beziehungsweise nach Paris zum Empfang des Dichterlorbeers einluden. Darüber freute ich mich in jugendlicher Ruhmsucht und hielt mich selbst für würdig, wessen mich solche Leute für würdig erachteten, indem ich nicht mein Verdienst, sondern das Zeugnis anderer erwog. Doch schwankte ich, welcher Einladung ich folgen sollte, und erbat mir darüber brieflich den Rat des obengenannten Kardinals Giovanni Colonna. Dieser wohnte so nahe, daß ich, als ich ihm spät abends schrieb, schon am andern Tage noch vor neun Uhr morgens seine Antwort erhielt. Seinem Rate folgend beschloß ich, Rom seines alten Ansehens wegen den Vorzug zu geben, und in zwei Briefen, die ich noch aufbewahre, teilte ich ihm meine Zustimmung zu seinem Rate mit.

So ging ich also; obwohl ich aber nach Art junger Leute der allermildeste Richter über meine eigenen Werke war, wagte ich es doch nicht, meinem Urteil und dem Urteil derer, die mich gerufen hatten und die dies nicht getan hätten, wenn sie mich nicht dieser Ehre für würdig erachteten, zu folgen. Darum beschloß ich, zuerst nach Neapel zu gehen zu jenem großen Könige und Philosophen Robert, der als Gelehrter so berühmt ist wie als Regent und der als einziger Fürst unserer Zeit zugleich auch Freund der Wissenschaft und Tugend ist, damit dieser über mich seine Ansicht äußere. Wie ich von diesem beurteilt und wie ich von ihm aufgenommen wurde, darüber wundere ich mich noch jetzt, und auch du, mein Leser, wenn du es hörst, wirst dich, glaube ich, wundern. Denn als er vom Zwecke meines Kommens hörte, wurde er freudigst erregt, vielleicht im Gedanken an mein jugendliches Vertrauen auf sein Urteil, vielleicht auch im Gedanken daran, daß die Ehre, die ich erlangen sollte, auch zu seinem Ruhme beitragen werde, da ich ja ihn allein aus allen Sterblichen als den geeigneten Richter erwählte. Was weiter geschah? Wir wechselten viele Worte über die verschiedensten Dinge und ich zeigte ihm meine ›Africa‹, die ihm so sehr gefiel, daß er sich die Widmung des Werkes als ein großes Geschenk erbat, was ich weder abschlagen konnte noch wollte. Dann endlich setzte er betreffs dessen, weswegen ich gekommen war, einen Tag fest, an dem er mich dann vom Mittag bis zum Abend prüfte; und da für die Fülle des Stoffes diese Zeit als zu kurz erschien, setzte er die Prüfung an den beiden nächstfolgenden Tagen fort. Und als er meine Unwissenheit drei Tage lang genau geprüft hatte, erklärte er mich am dritten Tage des Lorbeers für würdig. Er bot mir denselben in Neapel an und drang mit vielen Bitten in mich, ihm zuzustimmen. Aber es siegte die Liebe zu Rom auch über das verehrungsvolle Drängen eines solchen Königs. Als er daher meinen unbeugsamen Entschluß sah, sandte er Boten und Briefe an den römischen Senat und ließ diesem sein günstiges Urteil über mich mitteilen. Dieses Urteil des Königs stimmte damals mit dem Urteil vieler, besonders mit meinem eigenen überein. Heute billige ich weder mein Urteil noch das seinige, noch das all derer, die damit einverstanden waren. Denn mehr vermochte bei ihm die Liebe zu mir und das günstige Urteil der Zeitgenossen als die reine Liebe zur Wahrheit. So ging ich also trotz meiner Unwürdigkeit, aber voll Vertrauen auf das Urteil des Königs nach Rom und erhielt dort unter dem großen Jubel der Römer, die dieser Feierlichkeit beiwohnen konnten, den Dichterlorbeer – noch als unfertiger Schüler! Ich habe darüber in dichterischer Form wie in Prosa mehrere Briefe geschrieben, die ich noch besitze. Dem Lorbeer selbst verdanke ich nichts an Wissen, wohl aber viel Neid und Anfeindung. Aber auch diese Geschichte würde zu lang, als daß sie hier Platz finden könnte.

Von Rom reiste ich nach Parma und lebte dort eine Zeitlang bei den Herren von Correggio, die gegen mich sehr freigebig und liebevoll waren, sich untereinander aber nicht vertrugen. Diese regierten damals in Parma auf eine Weise, wie es diese Stadt seit Menschengedenken nicht erlebt hat noch auch in unseren Tagen, wie ich glaube, ferner erleben wird. Ich lebte dort stets eingedenk der erhaltenen Auszeichnung und besorgt, es möchte den Anschein erwecken, als sei sie einem Unwürdigen verliehen worden. Da stieg ich eines Tages in die Berge und kam über die Enza in die Gegend von Reggio nach Selvapiana und dort kam mir, ergriffen vom Anblick der Landschaft, plötzlich der Gedanke, die unterbrochene ›Africa‹ fortzusetzen. Und als die Glut des Geistes, die schon erloschen schien, wieder aufflammte, schrieb ich an diesem Tage eine Anzahl Verse und ebenso an den folgenden Tagen, bis ich nach Parma zurückkam und dort ein abgelegenes, ruhiges Haus fand, das ich mir später kaufte und das mir noch heute gehört; und dort führte ich mit solchem Eifer und in so kurzer Zeit jenes Werk zu Ende, daß ich noch jetzt darüber staune.

Nachdem ich längere Zeit in Parma und Verona geblieben und überall – Gott sei es gedankt – wohlgelitten war, viel mehr, als ich es verdiente, kehrte ich wieder, als ich schon das vierzigste Lebensjahr vollendet hatte, nach Südfrankreich in meine Einsiedelei an der Sorgue zurück.

Nach einigen Jahren erlangte ich dann durch die Verbreitung meines Ruhmes das Wohlwollen des Herrn Jacopo di Carrara des Jüngeren, eines vorzüglichen Mannes, dem aus der Zahl der Fürsten seiner Zeit vielleicht kaum einer gleichkam, oder vielmehr sicher keiner gleichkam. Dieser verfolgte mich durch Boten und Briefe über die Alpen, als ich mich dort befand, und dann auf meiner nächsten Reise durch ganz Italien, wo ich gerade war, und ermüdete mich durch viele Jahre hindurch mit inständigen Bitten um meine Freundschaft, so daß ich mich, obwohl ich von Glücklichen nichts hoffte, endlich entschloß, ihn zu besuchen und zu sehen, was dieses Drängen eines großen unbekannten Mannes zu bedeuten habe. So kam ich, spät freilich, nach Padua, wo ich von diesem Manne rühmlichsten Andenkens nicht wie ein Mensch, sondern so wie die seligen Geister im Himmel aufgenommen wurde, mit solcher Freude, solch unschätzbarer Liebe und Güte, daß ich sie mit Schweigen übergehen muß, da ich doch nicht hoffen darf, sie mit Worten schildern zu können. Da er wußte, daß ich von früher Jugend an das Leben eines Geistlichen geführt hatte, ließ er mich unter anderem, um mich dadurch nicht bloß ihm, sondern auch seiner Vaterstadt enger zu verbinden, zum Domherren in Padua ernennen; und wäre er länger am Leben geblieben, so hätte er vielleicht schließlich allen meinen Irrfahrten und Reisen ein Ende gemacht. Doch ach! nichts bei den Sterblichen währet lange, und wenn etwas Angenehmes sich ereignet hat, so findet es bald ein bitteres Ende. Als Gott ihn nicht ganz zwei Jahre mir, dem Vaterland und der Welt gelassen hatte, nahm er ihn hinweg, dessen weder ich noch das Vaterland, noch die Welt – es täuscht mich nicht die Liebe – würdig waren. Und wenn ihm auch sein Sohn folgte, ein höchst kluger und berühmter Mann, der, in des Vaters Fußtapfen tretend, mich immer lieb und wert hielt, so kehrte ich doch, als ich jenen verloren, mit dem ich wegen des gleichen Lebensalters besonders harmoniert hatte, wieder nach Frankreich zurück, ohne zu wissen, wo ich bleiben sollte; nicht so sehr aus dem Wunsch, das tausendmal Gesehene wieder zu sehen, als vielmehr um nach Art der Kranken durch Ortsveränderung den Lebensüberdruß zu heilen.

Petrarca am Bach träumend. Aus einer Ausgabe der *Trionfi*,
Österreichische Nationalbibliothek, Wien

Über den geheimen Widerstreit meiner Sorgen

Secretum

VORREDE

Tief erschüttert sann ich jüngst über das Woher und Wohin meines Lebens nach. Es bedrückte mich kein Traumschlaf, wie es bei kranken Seelen zu sein pflegt, ich war unruhig und wach, als ich eine Frau eintreten sah, ohne daß ich wußte, wie es geschah, deren Alter und Glanz man nicht beschreiben kann und deren Schönheit die Menschen nicht recht verstehen, doch ließen ihr Gewand und ihr Antlitz eine junge Frau erkennen. Mich, der ich starr bei dem Anblick des ungewohnten Lichtes war und die Augen nicht gegen die Strahlen der Sonne ihres Blickes aufzuheben wagte, sprach sie an: »Sei unbesorgt und laß dich durch den ungewohnten Glanz nicht verwirren. Dein Irren jammert mich, so daß ich von fern herabgekommen bin, um dir rechtzeitig Hilfe zu bringen. Genug und übergenug hast du die Erde mit trüben Augen betrachtet: bisher haben sie sich an Vergänglichem ergötzt, was erhoffst du dir künftig, wenn du sie zum Anblick des Ewigen aufhebst?« Als ich das hörte, antwortete ich, immer noch ängstlich und bebender Stimme mit einem Wort des Vergil:

> o quam te memorem, virgo? namque haud tibi vultus
> mortalis nec vox hominem sonat.
> [O wie red ich dich an, dich, Jungfrau? Menschliches Antlitz,
> Sterbliches trägst du nicht, sprichst nicht wie Menschen.]

»Die bin ich«, sagte sie, »die du in unserem Epos ›Africa‹ mit erlesener Eleganz beschrieben hast und der du, wie ein thebanischer Amphion, mit dichterischer Hand im fernsten Westen auf dem Gipfel des Atlasgebirges einen glänzend herrlichen Palast wunderbar kunstvoll erbaut hast.

So höre ruhig zu und laß dich nicht erschrecken, wenn du die siehst, die dein Gedicht als längst vertraut bezeugt hat.« Kaum hatte sie diese Worte beendet, überlegte ich alles und kam darauf, daß es die Wahrheit selbst sein müsse, die da spreche. Ihren Palast auf dem Gipfel des Atlas hatte ich ja beschrieben, und ich war mir sicher, daß sie nur vom Himmel gekommen sein konnte. Ich wollte sie sehen und blickte sie wiederum an, aber die menschliche Sehkraft ertrug das himmlische Licht nicht, und ich senkte die Augen wieder zur Erde. Als sie das bemerkte, sprach sie mich nach kurzem Schweigen immer wieder an und nötigte mich durch kurze Fragen zu einem ausführlichen Gespräch. Daraus entsprang mir ein doppelter Vorteil, denn einmal wurde ich ein wenig klüger daraus und zum anderen gewann ich aus dem Gespräch die Zuversicht, daß ich allmählich dieses Antlitz anschauen konnte, das mich zuerst durch seinen übermäßigen Glanz erschreckt hatte. Als ich ihrem Anblick, ohne zu zagen, standhielt, ergriff mich ein wundersamer Zauber, und ich blickte umher, ob jemand sie begleite oder ob sie sich allein in meine Einsamkeit begeben hatte, und sah einen durch seine Hoheit verehrungswürdigen Greis neben ihr.

Es war nicht nötig, seinen Namen zu erfragen: seine geistliche Erscheinung, die bescheidene Stirn, das ernste Auge, sein gemessenes Auftreten, das afrikanische Gewand und die römische Beredsamkeit ließen deutlich den berühmten Kirchenvater Augustinus erkennen. Dazu kam ein sanftes und übermenschliches Wohlwollen, das keinen Zweifel zuließ. Ich hätte nicht länger geschwiegen; schon bildete ich die Wörter der Frage, schon wollte ich die Stimme erheben, als ich plötzlich aus dem Munde der Wahrheit den mir teuren Namen hörte. Sie wandte sich zu ihm und unterbrach sein tiefes Nachdenken: »Augustinus, der du mir unter Tausenden teuer bist, du weißt, daß dieser dir ergeben ist, und dir ist nicht verborgen, welch gefährliche und langwierige Krankheit ihn anficht, die ihn dem Tode um so näher bringt, je weniger der Kranke sein eigenes Leiden kennt. Daher ist für sein bedrohtes Leben Rat zu schaffen, welches Liebeswerk kein Mensch besser als du zu leisten vermag. Dich hat er stets am meisten verehrt; es findet aber auch jede Wahrheit leichter in die Seele des Hörers, wenn sie von einem geliebten Lehrer verkündet wird, und wenn deine jetzige Seligkeit dich dein Elend nicht vergessen ließ, so hast du, als dich ein leiblicher Kerker umschloß, viel ihm Ähnliches erduldet. Deshalb sei du aus der Erfahrung der Leidenschaften der sichere Arzt, und wenn auch die schweigende Betrachtung von allen Dingen das angenehmste ist, so bitte ich dich doch, dieses Schweigen zu brechen und mit deiner heiligen und von mir einzig geliebten Stimme Hilfe zur Linderung der schweren Leiden zu schaffen zu versuchen.« Da antwortete er: »Du leitest mich, rätst mir, gebietest und belehrst mich: was soll ich reden in deiner Gegenwart?« Sie entgegnete: »Das Ohr eines Sterblichen soll eine menschliche Stimme ansprechen; die wird es gleichmütiger ertragen. Aber damit er das, was er von dir hört, als von mir gesprochen begreift, bleibe ich anwesend.« »Zu gehorchen«, sagte er, »drängt mich die Liebe zu dem Leidenden und das Ansehen der Bittenden.« Dabei sah er mich gütig an, legte väterlich den Arm um mich und führte mich, während die Wahrheit voranging, in einen abgeschiedeneren Teil des Hauses, wo wir uns niederließen. Dort endlich begann ein langes Gespräch hin und her, dem die Wahrheit mangels anderer Zeugen als schweigende Richterin beiwohnte, und dauerte bis in den dritten Tag. Da wurde viel gegen die Sitten unseres Zeitalters und die Sünden der Menschen gesagt, so daß es schien, als würde weniger mir als dem ganzen Menschengeschlecht die Strafpredigt gehalten, und doch habe ich das, was mich betrifft, dem Gedächtnis tiefer eingeprägt. Damit dieses so vertrauliche Gespräch nicht verlorengehe, habe ich es schriftlich niedergelegt und dieses Buch daraus gemacht. Nicht daß ich es meinen anderen Werken zuzählen möchte oder nach Ruhm strebe (etwas Größeres bewegte mich), aber den Zauber, den ich einmal bei dem Gespräch empfand, möchte ich, sooft es mir gefällt, aus der Lektüre schöpfen.

Du, mein Büchlein, wirst die Gesellschaft der Menschen fliehen und es zufrieden sein, bei mir zu bleiben, deines Namens eingedenk: *Mein Geheimnis* bist du und heißt du, und wenn ich mit höheren Gedanken beschäftigt bin, erinnerst du mich im geheimen, wie du dich erinnerst, was jeder von uns im geheimen gesprochen hat. Damit nicht, wie Cicero sagt, »dauernd ein ›sagte ich‹ und ›sagte er‹ eingeschoben wird und das Thema wie vor Anwesenden erörtert zu werden scheint«, habe ich die Sätze meines hohen Gesprächspartners von meinen nicht durch Umschreibungen unterschieden, sondern allein durch das Vorsetzen der Eigennamen. Diese Schreibart habe ich von meinem Cicero gelernt, der sie einst von Platon entlehnte. Und um nicht weitere Umschweife zu machen, so hat er mich zu Beginn mit diesen Worten angeredet:

DAS ERSTE BUCH

Augustinus: Was treibst du, Menschlein? Was träumst du? Was erwartest du? Hast du dein Unglück vergessen? Denkst du nicht daran, daß du sterblich bist?

Franciscus: Wohl denke ich daran, und dieser Gedanke beschleicht mich nie ohne innere Angst.

Augustinus: Dächtest du doch daran, wie du sagst, und wärst mit dir zu Rate gegangen! Viel Arbeit hättest du mir dann erspart. Denn es bleibt wahr: um die Lockungen dieses Lebens zu verachten und die Ruhe der Seele in den Stürmen dieser Welt zu gewinnen, ist nichts wirksamer als Erinnerung des eigenen Unglücks und ständiges Nachdenken über den Tod. Aber das darf nicht leichthin und oberflächlich sein, sondern muß bis in Mark und Knochen dringen. Aber ich fürchte sehr, daß du dich dabei, wie ich es bei vielen bemerkt habe, selbst betrügst.

Franciscus: Wie meinst du das? Ich verstehe nicht recht, was du sagst.

Augustinus: Von allem eurem Verhalten, ihr Menschen, befremdet und erschreckt mich keines mehr, als daß ihr euer Elend geflissentlich begünstigt, daß ihr die drohende Gefahr zu erkennen vorgebt und doch jenen Gedanken, wenn er sich aufdrängt, unterdrückt.

Franciscus: Auf welche Weise?

Augustinus: Glaubst du, daß jemand so von Sinnen wäre, daß er von plötzlicher Krankheit befallen, nicht durchaus wünschte, gesund zu sein?

Franciscus: Ich halte niemanden für so wahnsinnig.

Augustinus: Nun also. Und glaubst du, daß jemand von

so trägem und nachlässigem Geiste ist, daß er nicht, was er aus ganzem Herzen wünscht, mit allem Eifer verfolgte?

Franciscus: Auch das nicht.

Augustinus: Über diese beiden Punkte also sind wir einig; nun müssen wir noch über ein Drittes uns einigen.

Franciscus: Und was ist dieses Dritte?

Augustinus: Wie derjenige, der in ernster und tiefer Betrachtung sein Elend erkannt hat, nicht elend zu sein wünscht, und wie derjenige, der dies zu wünschen angefangen hat, auch darauf hinarbeitet, so vermag derjenige, der darauf hingearbeitet hat, das auch zu erreichen. Denn die Erfahrung lehrt, daß dieses dritte nur bei einem Mangel des zweiten, das zweite nur beim Mangel des ersten fehlen kann. Deshalb muß zuerst jenes erste als Wurzel des menschlichen Heiles bestehen. Ihr Unvernünftigen aber, und auch du begabter Mensch, seid bestrebt, zum eigenen Verderben aus eurer Brust diese heilbringende Wurzel mit allen Schlingen irdischer Listen auszureißen. Das, sagte ich, befremdet und erschreckt mich. Denn da ihr das erste ausschaltet, werdet ihr mit Recht durch den Verlust der beiden andern Güter geschädigt.

Franciscus: Dies ist eine, wie ich schätze, etwas lange Klage, die vieler Worte bedarf. Wir wollen sie, wenn es dir gefällt, auf eine andere Stunde verschieben und, bis ich mit größerem Verständnis zum Folgenden fortschreiten kann, bei dem Gesagten etwas verweilen.

Augustinus: Auf deine Langsamkeit nehmen wir Rücksicht. Setze an, wo immer es dir gutdünkt!

Franciscus: Ich sehe den Zusammenhang nicht ein.

Augustinus: Was erscheint dir dunkel, und welcher Art sind deine Zweifel?

Franciscus: Unzähliges gibt es, was wir glühend wünschen und mit Eifer erstreben, und keine Mühe und kein Fleiß hat es uns erreichen lassen und wird es uns je erreichen lassen.

Augustinus: Daß dies in andern Dingen wahr ist, bestreite ich nicht; aber in dem, wovon wir jetzt handeln, trifft es nicht zu.

Franciscus: Und warum nicht?

Augustinus: Wer sein Elend zu vertreiben wünscht, der wird, sobald sein Wunsch nur echt und stark ist, in einem solchen Verlangen nicht ohne Erfolge bleiben.

Franciscus: Ei was ich da höre! Sind es doch recht wenige, die nicht einsehen, daß vieles ihnen fehlt, und die nicht bekennen, daß sie darob unglücklich sind. Jeder, der sich selbst erforscht, wird dies einsehen. Da ja die größtmögliche Menge von Gütern glücklich macht, so folgt daraus, daß eben jedes fehlende Gut wenigstens in diesem Punkte notwendig unglücklich machen muß. Und dann ist es ja allbekannt, daß alle die Bürde des Elends von sich abzuschütteln wünschen, daß es aber nur die wenigsten vermögen. Denn wie viele sind es, die unter der mangelnden Gesundheit des Körpers, unter dem Tod lieber Angehöriger, unter Kerkerhaft, Verbannung oder Armut unaufhörlich bitter leiden? Und wie viele andere Übel dieser Art, die so schwer und jammervoll zu ertragen, als sie endlos aufzuzählen sind, lassen sich trotz allen Ekels und Überdrusses, womit man sie erduldet, nicht beseitigen! Du siehst es ja selbst. Nach meiner Meinung ist es also über jeden Zweifel erhaben, daß viele Menschen ohne und gegen ihren Willen unglücklich sind.

Augustinus: Man muß mit dir noch einmal anfangen,

wie dies sonst nur bei leichtsinnigen und trägen Kindern nötig ist, die ganze Sache von vorn wiederholen. Ich hielt dich für reifer und glaubte nicht, bei dieser Unterredung Ermahnungen aussprechen zu müssen, wie sie Knaben gegenüber angebracht sind. Und wenn du jene wahren und heilsamen Sätze der Philosophen, die du mit mir so oft gelesen hast, im Gedächtnis behalten hättest, wenn du – du gestattest mir das Wort – dich nicht immer mit andern Dingen beschäftigt und die Lektüre so vieler Bände zu Nutzen deiner eigenen Lebensführung und nicht um des windigen Beifalls des Publikums willen und eitler Prahlerei wegen vorgenommen hättest, so würdest du nicht so abgeschmackt und roh wie eben reden.

Franciscus: Noch weiß ich nicht, was du sagen wirst, und doch steigt mir schon die Schamröte ins Gesicht, und es geht mir wie den Schulknaben, wenn die Lehrer schelten. Wie jene, noch bevor sie den Namen des begangenen Vergehens hören, sich plötzlich ihrer vielen Fehler erinnern und schon durch die ersten Worte des Zurechtweisens sich verwirren lassen, so bin auch ich, meiner Unwissenheit und meiner vielen Irrtümer bewußt, errötet, noch ehe du ausgeredet hast und ohne einzusehen, wohin dein Vorwurf zielt; denn ich fühle, daß kein Vorwurf mich ungerecht trifft. Ich bitte dich aber, offen zu sagen, was es ist, das du so strenge an mir getadelt hast.

Augustinus: Fürs erste bin ich vor allem darüber entrüstet, daß du annimmst, es könne einer wider seinen Willen unglücklich werden oder sein.

Franciscus: Ich höre auf zu erröten. Denn was gibt es wahreres als diese Wahrheit? Oder wer ist so weltfremd, so von allem Verkehr mit Menschen abgeschlossen, daß er nicht wüßte, wie Armut, Schmerzen, Schande, Krankheiten und Tod und andere Dinge dieser Art, die man für ein großes Unglück zu halten pflegt, die Menschen meistens gegen ihren Willen, nie aber mit ihrer Zustimmung treffen? Woraus klar hervorgeht, daß es sehr leicht ist, das eigene Elend zu kennen und zu hassen, nicht aber, es abzuschütteln, weil die beiden ersteren Dinge Sache unseres freien Willens sind, das letztere aber in der Macht des Schicksals liegt.

Augustinus: Bescheidenheit erwarb deinem Irrtum Verzeihung; über deine Schamlosigkeit aber zürne ich noch mehr als über deinen Irrtum. Hast du sie denn alle vergessen, diese Stimmen von Philosophen und Heiligen, die versichern, niemand könne durch das, was du eben aufgezählt hast, unglücklich werden? Denn wenn allein die Tüchtigkeit den Geist glücklich macht, was sowohl von Cicero als von vielen andern mit den kräftigsten Gründen bewiesen ist, so folgt daraus sehr klar, daß nur das, was der Tüchtigkeit entgegengesetzt ist, das Glück zerstört. Und was dieses ist, brauche ich dir wohl nicht zu sagen, es sei denn, du wärest gänzlich verstockt.

Franciscus: Ich merke, du willst mir die Lehren der Stoiker ins Gedächtnis rufen, die den Ansichten des Volkes widersprechen und der Wahrheit näher stehen als der Wirklichkeit.

Augustinus: O du Unseligster von allen, wenn du den Weg zur Wahrheit in den wahnwitzigen Anschauungen des Pöbels suchst und glaubst, mit blinden Führern zum Lichte gelangen zu können! Du mußt die vom gemeinen Volke breitgetretene Straße verlassen und, Höheres erstrebend, den engen Pfad einschlagen, der nur durch die Spuren der wenigsten gezeichnet ist; dann verdienst du vielleicht einmal des Dichters Wort zu hören:

> macte nova virtute puer: sic itur ad astra.
> [Heil zu der Erstlingstat, mein Sohn: so geht's zu den Sternen.]

Franciscus: Möge mir dies gelingen, bevor ich sterbe! Doch fahre fort, ich bitte dich. Ich habe noch nicht alle Scham abgelegt und zweifle ja nicht daran, daß die Grundsätze der Stoiker den Irrtümern des gemeinen Volkes vorzuziehen sind. Aber was willst du daraus beweisen?

Augustinus: Wenn wir uns darüber geeinigt haben, daß nur das Laster unglücklich machen kann, was braucht es dann noch vieler Worte?

Franciscus: Ich glaube, viele Menschen gesehen zu haben, darunter auch mich selbst, die nichts schwerer ertrugen, als daß sie das Joch des Lasters nicht abschütteln konnten, so sehr sie auch ihr ganzes Leben lang dagegen kämpften. Darum muß, unbeschadet der stoischen Grundsätze, zugegeben werden, daß viele tiefunglücklich sind gegen ihren Willen und wider alle ihre Hoffnungen und Wünsche.

Augustinus: Wir sind ein wenig abgeschweift, doch schon kehren wir allmählich zum Thema zurück, wenn du nicht gerade vergessen hast, wovon wir ausgegangen sind.

Franciscus: Schon wollte ich es vergessen, aber ich fange an, mich zu erinnern.

Augustinus: Ich hatte mit dir zu erörtern versucht, daß, um sich der Enge und Befangenheit dieses sterblichen Lebens zu entwinden und zu Höherem aufzusteigen, gleichsam als erste Stufe notwendig die Betrachtung des Todes und des menschlichen Elends sei, als zweite das sehnsüchtige Verlangen und der feste Entschluß, sich zu erheben; und wenn diese beiden erreicht sind, versprach ich einen leichten Aufstieg zum ersehnten Ziele. Glaubst du noch immer, daß dies unzutreffend sei?

Franciscus: Ich würde es nicht wagen, eine andere Ansicht zu äußern; denn von meiner frühen Jugend an ist mit den Jahren meine Achtung vor dir so sehr gewachsen, daß ich sicher bin zu irren, wenn ich eine andere Ansicht habe als du.

Augustinus: Laß die Schmeicheleien, ich bitte dich. Da ich aber sehe, daß du nicht aus Überzeugung, sondern nur aus Verehrung meinen Worten zustimmen willst, so sei dir volle Freiheit gegeben. Sprich, was du denkst!

Franciscus: Wenn auch mit Zittern, so will ich doch von deiner Erlaubnis Gebrauch machen und reden. Um von allen andern Menschen zu schweigen, so ist mir diese hier, die bei allem meinem Tun gegenwärtig war, so bist du selbst mir Zeuge, wie oft ich meines Elends und des Todes gedacht habe, mit wieviel Tränen ich versucht habe, den Schmutz meiner Niedrigkeit wegzuwaschen; und diese Versuche, wovon ich nicht ohne Tränen erzählen kann, waren, wie du siehst, bis heute noch immer erfolglos. Das ist es, was mich die Wahrheit der These bestreiten heißt, die du aufzubauen suchst: daß man nur mit freiem Willen unglücklich geworden, daß man nur freiwillig unglücklich sein könne. An mir selbst erfahre ich traurig die Wahrheit des Gegenteils.

Augustinus: Das ist eine alte Klage, die kein Ende nehmen wird. Und doch werde ich von dem Versuche nicht abstehen und nicht aufhören zu versichern: nur wer es selbst will, kann unglücklich werden und unglücklich sein. Aber es liegt, wie ich schon gesagt habe, in der Seele des Menschen die krankhafte und verderbliche Neigung, sich selbst zu täuschen. Und nichts Verhängnisvolleres gibt es im menschlichen Leben. Mit vollem Rechte fürchtet man die trügerischen Reden von Freunden, weil Liebe und Achtung, die man den Täuschenden entgegenbringt, das einzige Heilmittel, die mißtrauische Vorsicht, vereiteln und weil ihre schmeichelnde Stimme beständig die Ohren umtönt. Um wieviel mehr sollte man die Selbsttäuschung fürchten, wo hier Liebe und Achtung und Vertraulichkeit so gewaltig sind, weil jeder Mensch sich mehr schätzt, als er verdient, sich mehr liebt, als es nötig ist, und wo der Betrüger und der Betrogene nie zu trennen sind?

Franciscus: Das hast du nun heute schon sehr oft gesagt. Aber ich erinnere mich nicht, mich je einmal betrogen zu haben; ich wollte, andere hätten mich weniger getäuscht.

Augustinus: Jetzt betrügst du dich am meisten, da du dich rühmst, dich selbst noch nie getäuscht zu haben. Doch noch habe ich die Hoffnung auf deine Einsicht nicht aufgegeben; denn wenn du deinen Geist nur etwas anstrengst, wirst du ganz von selbst einsehen, daß niemand ins Unglück gerät, der es nicht freiwillig tut. Denn dies ist es ja, worüber wir streiten. So sage mir also – aber ich bitte dich, denke nach, ehe du antwortest, und laß dir an der Wahrheit mehr gelegen sein als am Streiten –, sage mir: glaubst du, daß schon jemand gezwungen gesündigt hat? Ist ja doch die Sünde, wie die Gelehrten sagen, eine freiwillige Handlung, so daß, wo der Wille fehlt, keine Sünde vorliegt. Ohne Sünde aber, das hast du schon vorhin zugegeben, kann kein Mensch unglücklich werden.

Franciscus: Ich sehe, daß mir allmählich der Boden unter

den Füßen schwindet. Ich bin gezwungen zu bekennen, daß der Anfang meines Unglücks im eigenen freien Willen lag. Dies fühle ich bei mir selbst und vermute es bei andern. Doch mußt nun auch du mir ein Zugeständnis machen.

Augustinus: Welches Zugeständnis verlangst du?

Franciscus: Wenn es wahr ist, daß niemand unfreiwillig fällt, so ist es nicht weniger wahr, daß Unzählige, die nicht ohne ihre Schuld ins Unglück gestürzt sind, doch wider ihren Willen darin verharren müssen. Das möchte ich von mir selbst versichern. Und ich halte es für eine Strafe: als ich stehen konnte, habe ich es nicht gewollt, jetzt vermag ich mich nicht zu erheben, da ich es möchte.

Augustinus: Wenn auch diese Ansicht nicht ganz unvernünftig ist, so wirst du doch zugeben müssen, daß du dich wie im ersten, so auch im zweiten Punkte getäuscht hast.

Franciscus: Du erklärst also »fallen« und »liegenbleiben« für ein und dasselbe?

Augustinus: Durchaus nicht; aber zwischen »wollen« und »gewollt haben« besteht nur ein zeitlicher, kein sachlicher und in der Seele des Wollenden begründeter Unterschied.

Franciscus: Ich fühle die Schlingen, mit denen du mich fangen willst. Aber fürwahr, es ist nicht der mutigere Kämpfer, der solcher Kunstgriffe sich bedient, sondern nur der gewandtere.

Augustinus: Wir sprechen im Angesicht der Wahrheit, die jede Art der Einfachheit liebt und alle Schlauheit haßt. Damit dir dies zu Bewußtsein komme, werden wir fernerhin mit größtmöglicher Einfachheit reden.

Franciscus: Nichts höre ich lieber. Sag also, da ja von mir die Rede war, wie willst du mir beweisen, daß ich mein

Unglück – daß ich unglücklich bin, bestreite ich nicht – mit freiem Willen trage, da ich doch selbst das Gegenteil fühle, daß ich nichts schwerer ertrage, daß nichts meinem Willen mehr entgegengesetzt ist, daß ich aber nichts dagegen vermag?

Augustinus: Wenn du unsere Abmachung einhalten wolltest, würde ich dir zeigen, daß du dich anderer Worte bedienen mußtest.

Franciscus: Welche Abmachung meinst du, und welche Worte hätte ich gebrauchen sollen?

Augustinus: Unsere Abmachung war, daß wir fern von jedem Versuche der Täuschung in reiner Einfalt uns um die Wahrheit bemühen. Die Worte aber, die du hättest gebrauchen sollen, sind folgende: wo du versichert hast, nicht zu können, hättest du gestehen sollen, nicht zu wollen!

Franciscus: Wir kommen zu keinem Ende, denn nie werde ich dies zugeben. Ich selbst weiß, und du bist mir Zeuge, wie oft ich wollte und nicht konnte, wieviel Tränen ich nutzlos vergoß.

Augustinus: Zeuge deiner Tränen war ich oft, deines guten Willens aber nie.

Franciscus: So ist der Himmel Zeuge, denn Menschen wissen es nicht, wieviel ich gelitten habe, wie oft ich mich erheben wollte, wenn es möglich gewesen wäre.

Augustinus: Schweig! Denn eher mischen sich Himmel und Erde, eher stürzen die Sterne vom Himmel und kämpfen die befreundeten Elemente widereinander, als daß die Wahrheit, die zwischen uns entscheidet, sich täuschen ließe.

Franciscus: Was sagst du also?

Augustinus: Tränen hat dir das Gewissen wohl erpreßt, deinen Vorsatz hat es nie geändert.

Franciscus: Wie oft habe ich dir gesagt, daß ich nicht anders konnte!

Augustinus: Und wie oft habe ich geantwortet, daß du eben nicht gewollt hast! Ich wundere mich nicht, daß du unter diesen Zweifeln leidest, in denen ich selbst einst lag, da ich daran dachte, neue Lebenswege einzuschlagen. Damals raufte ich mir die Haare, schlug mir die Stirn, rang die Hände, umschlang meine Kniee und erfüllte den Himmel und die Lüfte mit den bittersten Klagen und netzte überall mit den reichen Tränen den Boden – und bei alldem blieb ich, der ich war, bis endlich eine tiefe Betrachtung mir all mein Elend vor die Seele führte. Und dann, als ich wirklich wollte, konnte ich auch, und in einem wunderbaren, seligen, kurzen Augenblicke war ich umgewandelt zu einem andern Augustinus. Aus meinen ›Bekenntnissen‹ weißt du, irre ich nicht, meine Geschichte.

Franciscus: Ich kenne sie und kann den gnadenbringenden Feigenbaum, in dessen Schatten sich das Wunder zutrug, nicht vergessen.

Augustinus: Und du tust gut daran. Denn nicht die Myrte, nicht der Efeu noch der sonnengeliebte Lorbeer, aller Dichter Liebling und dein Abgott, der du allein von allen deinen Zeitgenossen gewürdigt warst, die Lorbeerkrone zu empfangen – nichts darf deinem Geiste, der nun endlich nach so vielen Stürmen zum ruhigen Hafen heimkehren will, angenehmer sein als der Gedanke an jenen Feigenbaum, der auch dir die sichere Hoffnung auf Besserung und Verzeihung verleiht.

Franciscus: Ich glaube dir. Doch fahre fort.

Augustinus: Ich fahre fort, wie ich angefangen habe: daß von dir wie von so vielen andern jenes Wort des Vergil gilt:

mens immota manet, lacrime volvuntur inanes
[Aber sein Sinn bleibt fest; die Tränen strömen vergeblich.]

Könnte ich auch noch vieles andere anführen, so soll es doch genug sein mit diesem einen Beispiel aus meinem Leben.

Franciscus: Mit Recht; denn es bedarf nicht weiterer Beweise, und kein anderes Beispiel hätte mich so tief berühren können. Deshalb vor allem, weil ich, wenn auch mit dem großen Unterschiede, der zwischen dem Schiffbrüchigen und dem im sichern Hafen Weilenden, zwischen dem Glückseligen und dem Elenden besteht, doch in den Stürmen meines Lebens eine Ähnlichkeit mit deinen Irrfahrten zu erkennen glaube. Daher kommt es auch, daß ich beim Lesen deiner ›Bekenntnisse‹ zwischen zwei sich widerstreitenden Gefühlen, zwischen Furcht und Hoffnung schwebe, daß ich bisweilen unter freudigen Tränen nicht eine fremde Geschichte, sondern die meiner eigenen Pilgerfahrt zu lesen wähne. Doch ich bitte dich, fahre fort; jede Streitsucht habe ich abgelegt, und ich bin bereit, dir ferner ohne Widerspruch zu folgen.

Augustinus: Das verlange ich nicht; denn wenn auch, wie ein großer Weiser sagt, unter der Streitsucht allzusehr die Wahrheit leidet, so führt doch viele Menschen ein ernstes Streiten zur Erkenntnis der Wahrheit. Und es schickt sich ebensowenig, nach Art eines trägen und lässigen Geistes sich allem widerspruchslos zu fügen, als umgekehrt aus reiner Liebe zum Widerspruch der erkannten Wahrheit zu widerstreben.

Franciscus: Ich begreife und werde deinem lobenswerten Rate folgen; fahre nur fort.

Augustinus: Du siehst also ein, daß die von mir entwikkelte Gedankenfolge der Wahrheit entspricht: daß die volle Erkenntnis seines Elendes das vollkommene Verlangen erzeugt, sich daraus zu erheben, und daß dem Verlangen auch das Können folgt?

Franciscus: Meine Seele ist allmählich bereit, dir alles zu glauben.

Augustinus: Ich fühle aus deinen Worten einen Rest von Zweifel, der dich drückt. Was ist es? Sag es offen.

Franciscus: Dies eine setzt mich in Staunen: Ich soll diesen Willen nie gehabt haben und glaubte doch immer, ihn zu haben.

Augustinus: Noch immer zweifelst du? Doch damit dies Gespräch endlich ein Ende nehme, will ich gestehen, daß du bisweilen den Willen hattest.

Franciscus: Nun also?

Augustinus: Kommt dir nicht jener Vers des Ovid in den Sinn?

> velle parum est; cupias, ut re potiaris, oportet.
> [Wollen genügt nicht, du mußt dir wünschen, zum Ziel zu gelangen.]

Franciscus: Nun verstehe ich. Aber ich hatte immer geglaubt, den richtigen Willen zu haben.

Augustinus: Darin täuschtest du dich.

Franciscus: Nun glaube ich es selbst.

Augustinus: Damit deine Überzeugung noch fester werde, befrage dein eigenes Gewissen. Es verkündet am besten unser Inneres; es ist eine unfehlbare, genaue Waage unserer Werke und Gedanken. Es wird dir sagen, daß du dein Heil nie erstrebt hast, wie du solltest, sondern lauer und lässiger, als es die drohende Gefahr verlangte.

Franciscus: Ich fange an, wie du befiehlst, mein Gewissen zu erforschen.

Augustinus: Was findest du da?

Franciscus: Daß es wahr sei, was du sagtest.

Augustinus: Nun sind wir um ein kleines weitergekommen, denn du fängst an zu erwachen. Schon wird es besser um dich stehen, wenn du einmal einsiehst, wie schlimm es bisher um dich stand.

Franciscus: Wenn es schon genügt, dies einzusehen, so hoffe ich zuversichtlich, daß es nicht nur gut, sondern sehr gut um mich stehen wird; nie habe ich etwas klarer eingesehen als die Tatsache, daß mein Verlangen nach Freiheit und nach dem Ende meines Elendes nicht ernst genug war. Doch wird dieses ernste Verlangen künftighin genügen?

Augustinus: Warum nicht?

Franciscus: Ich werde nichts weiter zu tun haben?

Augustinus: Du rechnest mit Unmöglichem. Wie kann einer, der ein heiß ersehntes Ziel erreichbar vor sich sieht, untätig bleiben?

Franciscus: Was nützt also der Wunsch an sich?

Augustinus: Führt auch der Weg zur Tüchtigkeit noch durch die größten Schwierigkeiten, so ist doch das Verlangen danach schon ein großer Teil der Tüchtigkeit selbst.

Franciscus: Du hast in mir große Hoffnungen geweckt.

Augustinus: Das ist ja auch der Zweck der Unterredung, dich hoffen und fürchten zu lehren.

Franciscus: Was sollte ich denn fürchten?

Augustinus: Sage lieber: Was sollte ich denn hoffen?

Franciscus: Hatte ich bisher danach gestrebt, wenigstens nicht der Schlechteste zu sein, so zeigst du mir ja jetzt den Weg, auf dem ich zum Besten werden kann.

Augustinus: Aber du denkst vielleicht nicht daran, wie beschwerlich dieser Weg ist.

Franciscus: Warum verdoppelst du meine Angst?

Augustinus: Dieses »Wünschen« ist freilich nur ein einziges Wort, aber es besteht aus unzähligen Dingen.

Franciscus: Du erschreckst mich.

Augustinus: Um ganz davon zu schweigen, worin dieses Verlangen besteht: wie viele Dinge müssen ausgerottet werden, damit es nur zustande kommen kann!

Franciscus: Ich verstehe nicht, was du nun ausführen willst.

Augustinus: Keiner kann dieses Verlangen vollkommen haben, der nicht vorher alle andern Wünsche ausgelöscht hat. Du weißt, wie zahlreich und mannigfaltig die Dinge sind, die man im Leben sich zu wünschen pflegt. Sie alle mußt du vorher verachten, ehe du aufsteigen kannst zu dem innigen Verlangen nach dem höchsten Glück. Fürwahr, der liebt dieses Glück wenig, der daneben noch andere Wünsche im Herzen trägt, die nichts damit zu tun haben.

Franciscus: Ich kenne diese Wahrheit.

Augustinus: Wie wenige sind es, die alle Begierden in sich ausgelöscht haben, die man kaum aufzählen, geschweige denn auslöschen kann ohne lange Mühen, die ihrer Seele die Zügel der Vernunft angelegt haben, die von sich sagen dürfen: »Nichts fesselt mich mehr an meinen Leib; schmutzig ist, was mit den Augen gesehen werden kann; ich sehne mich nach höherem Glück.«

Franciscus: Die wenigsten Menschen sind es. Und nun erkenne ich auch die Schwierigkeit, von der du sprachst.

Augustinus: Erst wenn alle diese Wünsche aufgehört haben, wird jenes große Verlangen vollkommen und unbehindert sich entfalten können. Denn wenn auch die Seele durch ihren eigenen Adel zum Himmel sich gezogen fühlt, so liegt es ja doch in der Natur des Menschen, daß sie beschwert ist durch die Last des Körpers und herabgezogen wird durch die Lockungen der Welt. So wünscht ihr wohl, aufzustreben und in höheren Regionen zu weilen, aber, abgelenkt von anderen Begierden, könnt ihr nicht den Wunsch zur Wirklichkeit machen.

Franciscus: Was rätst du mir also zu tun, damit mein Geist sich frei von irdischen Fesseln nach oben erhebe?

Augustinus: Zu diesem Ziele führt die Betrachtung, von der ich anfangs gesprochen: der ununterbrochene Gedanke an die eigene Sterblichkeit.

Franciscus: Täusche ich mich nicht auch hierin, so hat sich kein Mensch häufiger mit solchen Gedanken befaßt als ich.

Augustinus: Neuer Streit und neue Mühe!

Franciscus: Wie? Auch hierin lüge ich?

Augustinus: Ich hätte mich höflicher ausgedrückt.

Franciscus: Aber dasselbe gemeint?

Augustinus: Gewiß.

Franciscus: So habe ich also noch nie über den Tod nachgedacht?

Augustinus: Sehr selten wenigstens und dann so oberflächlich, daß dein Gedanke nie auf den tiefsten Grund deines eigenen Unglücks dringen konnte.

Franciscus: Ich hatte das Gegenteil geglaubt.

Augustinus: Achte nicht darauf, was du geglaubt hast, sondern darauf, was du in Zukunft wirst glauben müssen.

Franciscus: Sei überzeugt, daß ich mir selbst nie mehr

glauben werde, wenn du mir nachweisest, daß ich mich auch dieses Mal getäuscht habe.

Augustinus: Sehr leicht werde ich dir nachweisen, wenn du nur die Absicht hast, gutwillig die Wahrheit zu gestehen. Auch dieses Mal werde ich einen Zeugen zu Hilfe rufen, der nicht ferne ist.

Franciscus: Welchen Zeugen meinst du?

Augustinus: Dein Gewissen.

Franciscus: Das sagt das Gegenteil.

Augustinus: Wo eine unklare Frage vorangeht, kann das Zeugnis des Antwortenden nicht bestimmt sein.

Franciscus: Was soll das zur Sache?

Augustinus: Viel, fürwahr! Merk auf, daß du es klar verstehst! Niemand ist so töricht, – es sei denn, er wäre ganz von Sinnen – daß ihm nicht bisweilen seine Gebrechlichkeit und Schwäche zum Bewußtsein käme, daß er nicht, wenn er gefragt würde, antwortete, daß er sterblich sei und einen hinfälligen Körper bewohne. Das lehren ihn ja die Schmerzen und Krankheiten seines Leibes. Denn keine Gnade Gottes gibt es, die ein von solchen Mühsalen freies Leben verliehe. Denke dann ferner daran, daß bei Leichenbegängnissen lieber Freunde, wie sie täglich vor euren Augen vor sich gehen können, ein stiller Schrecken den Zuschauer befallen muß. Denn wer einen gleichaltrigen Freund zu Grabe geleitet, der muß ja erzittern beim Gedanken an den raschen Tod des andern und anfangen, an sich selbst mit Unruhe zu denken – so wie du, wenn du des Nachbarn Dach brennen siehst, nicht sorglos auf das deinige schauen kannst, denn wie Horaz sagt:

> ad te post paulum ventura pericula cernis
> [Bald könne dich, was ihm begegnet, treffen.]

Noch tiefer aber wird der ergriffen sein, der sieht, wie ein jüngerer, gesünderer, schönerer Mensch als er vom schnellen Tode geholt wurde. Der wird um sich schauen und sagen: »Sicherer als ich glaubte dieser in seinem Hause zu wohnen, und doch hat er es verlassen müssen, und seine Jugend, seine Schönheit, seine Kraft haben ihm nichts genützt. Wer bietet mir größere Sicherheit? Bin ich ein Gott? Ein Wundertäter? Wahrlich, auch ich bin sterblich.« Und noch viel heftiger werden die erschüttert, die erleben, wie die Kaiser und Könige, die Gewaltigen und Gefürchteten der Erde sich vor dem Tode beugen müssen. Wer gewohnt war, andere zu unterdrücken, den sehen sie nun plötzlich, vielleicht in wenigen fürchterlichen Stunden, zu Boden geworfen. Daraus erklären sich auch jene merkwürdigen Dinge, die beim Tode großer Menschen im bestürzten Volk zu geschehen pflegen. Ein Beispiel aus der Geschichte: erinnerst du dich an derartige Dinge, wie sie in so großer Zahl beim Leichenbegängnis des Julius Caesar sich ereigneten? Das ist das große allgemeine Schauspiel, das sich vor den Augen und Herzen der Menschheit abspielt. Wer es sieht, denkt an sein eigenes Schicksal. Dazu kommt noch das Unheil, das wilde Tiere und verbrecherische Menschen anrichten; dazu kommen die Schrecken des Krieges, der Einsturz großer Gebäude, die, wie jemand treffend sagt, einst der Menschen Schutz waren und nun ihre Gefahr werden. Dazu kommen zu ungünstigen Zeiten Stürme und ungesunde Winde und all die vielen Widerwärtigkeiten zu Land und Meer. Von allen Seiten umgeben sie euch, und nirgend hin könnt ihr die Augen wenden, ohne an eure Sterblichkeit erinnert zu werden.

Franciscus: Erlaube mir, daß ich dich unterbreche; nicht

länger kann ich mich zurückhalten. Denn ich muß gestehen, nichts Wirksameres hätte man zum Beweise meiner Behauptung anführen können als deine lange Erörterung. Ich selbst habe mich beim Zuhören gewundert, wo deine Rede hinauswolle und mit welcher Schlußfolgerung sie endigen werde.

Augustinus: Ich kam ja gar nicht bis zum Schlusse, denn du hast mich unterbrochen. Die Schlußfolgerung wäre folgende gewesen: Wenn auch vieles euch umgibt, das zu Gedanken anregen könnte, so dringt euch doch nichts ins Innere, denn eine lange Gewohnheit hat eure Herzen abgestumpft, und von eurer alten, dicken Haut prallt jede heilsame Mahnung ab. Sehr wenige wirst du finden, die es sich einmal klar zum Bewußtsein bringen, daß sie notwendig sterben müssen.

Franciscus: Wenige nur kennen also die allbekannte Definition vom Menschen, die doch so oft in allen Schulen wieder und wieder heruntergeleiert wird, daß sie nicht bloß die Ohren der armen Zuhörer, sondern selbst die Wände der Schulhäuser schon längst hätte ermüden und angreifen sollen?

Augustinus: Ach, diese Altweibergeschwätzigkeit der Dialektiker, die nie ein Ende findet, die nur von solchen Definitionen lebt und deren Stolz das Wiederkäuen ihrer alten, ewigen Streitereien ist! Meistens verstehen sie selber nichts von dem, was sie reden. Fragst du einen aus dieser Herde nach der Definition des Menschen oder irgendeiner andern Sache, so ist die Antwort bereit. Fragst du weiter nach andern Dingen, so wird er schweigen; oder aber, es hat ihm der unaufhörliche Redeschwall seiner Darlegungen Mut gemacht, dann wird er auch hier antworten, aber Art und Weise seiner Antwort werden zeigen, daß ihm das wahre Verständnis des definierten Dinges fehlt. Dieser Sippe von Menschen, die so vornehmtuerisch das Wichtige übersieht und sich voll Eifer mit dem Überflüssigen abgibt, sollte man entgegenrufen: »Ihr Ärmsten! Was arbeitet ihr immer nutzlos in den Tag hinein und quält den Geist mit öden Haarspaltereien? Das Wesen der Dinge kennt ihr nicht, und unter lauter leeren Wörtern altert ihr, und mit weißem Haar und runzeliger Stirne treibt ihr kindische Spielereien. O würde wenigstens eure Torheit nur euch allein schaden und hätte sie nicht so oft edle junge Geister verdorben!

Franciscus: Ich gebe zu, daß gegen diese ungeheuerliche Art des Studiums nicht scharf genug gesprochen werden kann. Doch du hast dich durch den Fluß der Rede hinreißen lassen und dabei vergessen, was du über die Definition des Menschen sagen wolltest.

Augustinus: Ich glaubte, es genügend gesagt zu haben; doch ich will mich deutlicher ausdrücken: Der Mensch ist ein lebendes Wesen, ja das höchste aller lebenden Wesen. Keinen auch noch so ungebildeten Bauern wirst du finden, der dies nicht wüßte, und keinen, der, wenn du ihn danach fragen würdest, dem Menschen nicht die Eigenschaften der Vernunftbegabung und der Sterblichkeit zugestände

Franciscus: Diese Wahrheit ist allen Menschen bekannt.

Augustinus: Vielmehr sehr wenigen.

Franciscus: Was sagst du?

Augustinus: Wenn du einen siehst, in dem die Vernunft so stark ist, daß er sein ganzes Leben nach ihr einrichtet, daß er ihr alle seine Begierden unterwirft, daß er mit ihrem Zügel alle Regungen seines Geistes im Zaume hält, daß es ihm zum Bewußtsein gekommen ist, er unterscheide sich nur durch ihren Besitz vom vernunftlosen, einfältigen Tier und er verdiene nur den Namen Mensch, insofern er gemäß seiner Vernunft lebt; und wenn er sich seiner Sterblichkeit so sehr bewußt ist, daß er sie stets vor Augen hat und durch den Gedanken an sie vollständig beherrscht wird; wenn er dieses vergängliche Leben verachtet und nur nach jenem Leben sich sehnt, wo er im Vollbesitz seiner Vernunft aufhört sterblich zu sein – dann endlich magst du sagen, daß du die wahre Definition des »vernunftbegabten Menschen« verkörpert vor dir siehst und daß du eine nützliche Wahrheit kennengelernt hast. Ich aber sagte – denn davon war ja die Rede –, daß nur die wenigsten sich zu dieser Erkenntnis und deren gründlicher Betrachtung durchgearbeitet haben.

Franciscus: Ich habe mich selbst bisher immer zu diesen wenigsten gerechnet.

Augustinus: Und ich bestreite nicht, daß dir dein ganzes Leben hindurch infolge der reichen täglichen Erfahrung und der ununterbrochenen Lektüre sehr häufig Gedanken an den Tod aufgestiegen sind, aber sie waren nicht tief und ernst genug und von zu kurzer Dauer.

Franciscus: Was nennst du tief und ernst? Wenn ich es auch zu verstehen glaube, so wünsche ich es doch von dir genauer und deutlicher zu hören.

Augustinus: Wenn es auch schon allgemein bekannt ist und aus der Reihe der Philosophen die berühmtesten sich darüber ausgesprochen haben, so will ich es doch sagen: Ich verstehe darunter, daß der Tod unter allen Dingen, die wir fürchten, die erste Stelle einnehme, so sehr, daß uns schon das Wort Tod hart und schrecklich klinge. Freilich darf nicht nur das äußere Ohr die Buchstaben hören und der Geist mit einer kurzen, oberflächlichen Erinnerung an die Sache selbst sich begnügen. Es ist vielmehr notwendig, daß wir länger bei dem Gedanken verweilen und uns in genauer Betrachtung alle einzelnen Glieder eines Sterbenden nacheinander vor die Augen stellen: wie das langsame Erkalten des Körpers den Sterbenden erschreckt, wie ihn der lästige Todesschweiß bedeckt, wie sein ganzer Leib erzittert, wie die Lebensgeister erschlaffen unter der erdrükkenden Nähe des Todes. Und dann betrachte man die tiefliegenden gebrochenen Augen, den tränenverschleierten Blick, die verzerrte bleierne Stirn, die eingefallenen Wangen, die blaßgelben Zähne, die steife, spitze Nase, die speichelnden Lippen, die fühllose heiße Zunge, den ausgetrockneten Gaumen, das müde Haupt, die keuchende Brust, das heisere Röcheln und die klagenden Seufzer, den am ganzen Körper ausströmenden widerlichen Geruch, vor allem aber das schrecklich entstellte Angesicht. Alle diese Gedanken werden um so leichter und genauer im Bewußtsein gegenwärtig bleiben, wenn wir uns das Bild irgendeines Toten treu ins Gedächtnis einprägen, denn das Gedächtnis des Gesichtes pflegt stärker und treuer zu sein als das des Gehörs. Deshalb herrscht, selbst heute noch in dieser allen guten Sitten feindlichen Zeit, in einigen frommen und heiligmäßigen Ordensgenossenschaften die kluge, heilsame Übung, daß die Bekenner der strengen Regel zugegen sind, wenn die Leichen der Verstorbenen gewaschen und zum Begräbnis bereitet werden. Denn dieses traurige, jammervolle Schauspiel, das sich vor ihren Augen abspielt, bleibt für immer in ihrem Gedächtnis, und wer Zeuge desselben war, der wendet sich ab von allen Reizen dieser vergänglichen Welt. Dies also ist es, was ich den ernsten und tiefen Todesgedanken nannte. Ihr aber sprecht in gleichgültiger Gewohnheit von dem jedem Menschen sichern Tode und wiederholt ähnliche Dinge hundertmal im täglichen Gespräche. Es ist in den Wind gesprochen und läßt die Seele unberührt.

Franciscus: Ich stimme dir um so leichter bei, als vieles, was ich nun aus deinem Munde hörte, schon meine eigenen stillen Gedanken waren. Doch bitte ich dich, mir ein Zeichen zu nennen, das mir eine stete innere Mahnung sei und mich vor Selbsttäuschung und Selbstgenügsamkeit bewahre. Denn dieses ist es, wie ich sehe, was die Menschen vom Pfad der Tugend abbringt: sie glauben ihr Ziel erreicht zu haben und streben nicht weiter.

Augustinus: Gern höre ich das von dir, denn das sind Worte nicht eines müßigen und oberflächlichen, sondern eines nachdenklichen Geistes. Das untrügliche Zeichen, das du verlangst, ist dieses: Wenn du bei deinen Gedanken über den Tod kalt und gleichgültig bleibst, so wisse, daß es so wertlos ist, als würdest du über irgendwelche anderen Dinge nachgrübeln. Wenn du dagegen bei diesen Gedanken erstarrst, erschauderst, erbleichst; wenn du glaubst, alle diese bittern Todesängste selbst zu erleiden; wenn es dir zum Bewußtsein kommt, daß deine Seele diesen Körper verlassen muß, um zu bestehen im ewigen Gerichte über das ganze vergangene Leben, daß sie unerbittliche Rechenschaft ablegen muß für jedes Werk und jedes Wort, daß nun nichts mehr zu hoffen ist von Geist und Redegewandtheit, von Macht und Reichtum, von Körperschönheit oder Erdenruhm, daß ein allwissender, unbestechlicher und unversöhnlicher Richter vor dir steht, daß dein Tod kein Ende der Leiden, nur ein Übergang ist; und wenn du dann unter tausend Höllenqualen an das Heulen und Zähneknirschen denkst, an des Orkus schwefelglühende Ströme, an der Furien finstere Racheschar und an der ganzen dunkeln Hölle unermeßliches Entsetzen; und wenn du, was schwerer wiegt als all dieses, daran denkst, daß eine unglückselige Ewigkeit ohne Ende dir bevorsteht, daß du kein Aufhören deiner Qualen erhoffen darfst und daß in alle Ewigkeit der Zorn Gottes bestehen bleibt, der nun ferner kein Erbarmen mehr kennt – wenn dir all dies vor die Augen getreten ist, nicht als Einbildung, sondern als volle Wirklichkeit, nicht als Möglichkeit, sondern als unvermeidlich kommende, ja beinahe schon gegenwärtige Notwendigkeit; und wenn du an diesen Sorgen nicht vorübergehst, aber auch nicht an ihnen verzweifelst, sondern voll Hoffnung bist, daß die Hand Gottes mächtig und bereit sei, dich vor solchem Unheil zu bewahren, so du dich selbst nur willig zeigst; und wenn du stets voll festen Willens, dich zu erheben, und beständig und beharrlich in deinen Vorsätzen bleibst – dann sei überzeugt, daß deine Betrachtung nicht erfolglos war.

Franciscus: Tief erschüttert hast du mich durch diese Schreckensbilder. Doch möge mir Gott seine Verzeihung gewähren, in so reichem Maße, als ich mich täglich in diese Gedanken versenke! Bei Nacht, wenn der Geist sich von des Tages Sorgen losgelöst hat und in sich selbst zurückzieht, da lege ich meinen Körper nieder, wie ein Sterbender liegt, und die Todesstunde und alle Schrecken, die sie mit sich bringt, treten mir lebendig vor Augen, und ich glaube im Todeskampfe zu liegen und den Abgrund der Hölle und all das Entsetzliche, das du schildertest, vor mir zu sehen. Fast ganz von Sinnen bringt mich dieses Bild, so daß ich voll Angst und Zittern mich aufrichte und oft zum Schrecken meiner Hausgenossen in die Worte ausbreche: »Ach, was tue ich, was leide ich! Welch Schicksal droht mir! Erbarme dich Jesu, hilf mir,

> eripe me his, invicte malis ...
> da dextram misero et tecum me tolle per undas;
> sedibus ut saltem placidis in morte quiescam.
> [Beende mein Leiden, du Unbesiegter ...
> Reiche mir Armen die Hand und trag mich über die Woge;
> Daß ich, und sei es im Tode, im Sitz der Seligen ausruh.]«

Und noch vieles andere tue ich in der Angst nach Art eines Wahnsinnigen, wie man die Irren und Fiebernden zu nennen pflegt. Ich rede mit mir selber und viel mit Freunden, und mein bitteres Weinen rührt auch die andern zu Tränen. Doch ach, sind unsere Tränen getrocknet, so kehren wir wieder zurück zur alltäglichen Stimmung. Was also ist dies für eine geheimnisvolle Macht, die mich in meinem Streben hemmt, die die Schuld daran trägt, daß mir diese Todesgedanken noch nie einen Nutzen, immer nur Angst und Schrecken gebracht? Ich bin nach diesen Betrachtungen derselbe Mensch, der ich vorher war, derselbe, wie es auch die sind, die nie in ihrem Leben dergleichen durchgemacht haben. Und ich bin um so bedauernswerter: jene andern, wie auch ihr Ende sein mag, haben sich doch an den Genüssen dieses Lebens erfreut; mein Ende aber ist so ungewiß wie das ihrige, und ich kenne kein Vergnügen, das nicht mit solchen Bitterkeiten gewürzt wäre.

Augustinus: Ich bitte dich, traure nicht, wo du dich freuen solltest! Denn um so unglücklicher und bejammernswerter ist der Sünder zu schätzen, je größere Lust und Kitzel ihm sein Vergehen bereitet.

Franciscus: Deshalb wohl, weil es den niemals zum Pfad der Tüchtigkeit zieht, den eine ununterbrochene Kette von Vergnügungen nie zur Beschäftigung mit sich selbst kommen läßt? Freilich, wer in den Reizen des sinnlichen Lebens und in den fröhlichen Gaben des Glückes immer einen Stachel fühlen muß, der denkt so oft an seine traurige Lage, als ihn die unbeständige und wandelbare frohe Stimmung verläßt. Und wenn nun beider Ende dasselbe ist, so sehe ich nicht ein, warum ich den nicht glücklicher nennen soll, der sich jetzt freut, wenn er auch später trauern wird, als den, der jetzt keine Freude kennt und von der Zukunft keine erhofft. Doch vielleicht wirst du sagen, daß der Fröhliche das Ende seiner Freuden mit größerer Bitterkeit empfindet?

Augustinus: Gewiß; denn beim gleichen Sturz in die Tiefe wird dessen Fall schwerer sein, der die Zügel der Vernunft von sich geworfen hat – was ja im höchsten Taumel der Vergnügungen zu geschehen pflegt –, als der Fall dessen, der die Zügel, wenn auch nur lässig, noch in der Hand behalten hat. Vor allem aber achte auf das schon Gesagte: auf die Bekehrung des einen dürfen wir noch hoffen, an der des andern müssen wir verzweifeln.

Franciscus: Dies will ich beherzigen. Doch sprich, hast du meine erste Frage vergessen?

Augustinus: Welche Frage?

Franciscus: Ich hatte gefragt, was das sei, das mich nicht vorwärtskommen läßt, warum mir allein jenes Denken an den Tod nichts genützt habe, das du doch so wunderbar fruchtbringend nanntest.

Augustinus: Einmal vielleicht deshalb, weil du den Tod nur als in weiter Ferne befindlich betrachtest, der doch wegen der Kürze unseres Lebens und der vielen möglichen Zufälle gar nicht fern sein kann. Wir alle werden, wie Cicero sagt, in der Regel darin getäuscht, daß wir den Tod in weiter Ferne sehen. (Ein Text, den die Verbesserer oder vielmehr Verderber ändern wollen, indem sie dem Worte eine Negation voransetzen und sagen, es müsse heißen: »den Tod *nicht* in weiter Ferne sehen«.) Denn kein vernünftiger Mensch kommt so weit, daß er überhaupt nicht mit dem Tode rechnet. Dieses »den Tod in weiter Ferne sehen« täuscht aber viele. Denn ein jeder hofft auf eine Lebensdauer, die in Wirklichkeit, wenn sie auch erreicht werden könnte, doch die wenigsten erreichen. Kaum ein Mensch wird zu Grabe getragen, auf den nicht des Dichters Wort paßte:

> canitiemque sibi et longos promiserat annos.
> [daß er graues Haar sich verhieß und Jahre die Fülle.]

Dies konnte dir schaden. Dein Alter, deine Lebenskraft und deine mäßige Lebensführung haben dir vielleicht solche Hoffnungen gemacht.

Franciscus: Glaube das nicht! Möge Gott mich vor solcher Torheit bewahren!

> me ne huic confidere monstro
> [Ich soll dem Ungeheuer vertrauen?]

wie bei Vergil jener berühmte Meister des Meeres sagt. Auch ich bin ja in ein großes, wildes und stürmisches Meer geworfen und treibe mein schwankendes Schifflein, das, schon leck geworden, bald zu zerfallen droht, bei widrigem Wind durch die brausenden Fluten. Ich weiß, daß dies nicht lange dauern kann, und sehe keine Hoffnung auf Rettung mehr, wenn mir nicht der allmächtige Erbarmer die Gnade verleiht, daß ich mit letzter Kraft das Steuerruder wende und noch vor dem drohenden Untergang das Ufer erreiche, um nach stürmischem Leben im Meer im ruhigen Hafen zu sterben. Diesem Bewußtsein verdanke ich es, daß ich nie, soweit ich zurückdenken kann, den unbezähmbaren Wunsch nach Macht und Reichtum gefühlt habe, ein Verlangen, in dem wir nicht nur mir gleichaltrige Menschen, sondern selbst solche, die viel älter sind als ich und die die gewöhnliche Lebensdauer längst überschritten haben, sich noch verzehren sehen. Und was für ein Wahnsinn ist es doch, sein ganzes Leben hinzubringen in Mühsal und Armut, um dann zu sterben, gequält von der Sorge, den Reichtum zusammenzuhalten! So denke ich deshalb über diese schrecklichen letzten Dinge, nicht als ob sie noch in weiter Ferne wären, sondern überzeugt, daß sie bald eintreten werden, daß sie vielleicht schon in allernächster Nähe sind. Ich denke noch immer an einen kleinen Vers, den ich in jungen Jahren einst am Schlusse eines längeren Briefes einem Freunde geschrieben habe:

> loquimur dum talia, forsan
> innumeris properata viis, in limine mors est.
> [... ach, vielleicht indem wir noch reden,
> Steht vor der Türe der Tod, dem keine Wege verschlossen.]

Wenn ich damals schon so reden konnte, was soll ich dann jetzt sagen, wo ich reicher an Jahren und an Erfahrung bin? Was ich sehe, höre, fühle und denke, beziehe ich auf diesen einen Gedanken an den Tod, und ich glaube nicht, mich hierin zu täuschen. Noch immer also ist die Frage unbeantwortet: Was ist es, das mich in meinem Streben nach Vervollkommnung nicht vorwärtskommen läßt?

Augustinus: Sage Gott demütigen Dank, daß er dich mit

so heilsamem Zügel zu zähmen und mit so scharfem Stachel anzutreiben gewürdigt hat! Denn es ist wohl kaum möglich, daß einer, in dem der Gedanke an den Tod so ununterbrochen lebendig ist, dem ewigen Tode verfalle. Aber da du nun mit Recht fühlst, daß dir noch etwas fehle, so will ich versuchen, dir zu zeigen, worin dieser Mangel besteht. Wenn du diesen dann, was Gott geben möge, beseitigt hast, dann wirst du ganz deinen heiligen Gedanken leben und das alte Joch der Knechtschaft, das dich bisher drückte, von dir werfen können.

Franciscus: Möge es mir gelingen, mich einer solchen Gnade würdig zu erweisen!

Augustinus: Es wird dir gelingen, wenn du nur willst. Es ist kein unmögliches Ding. Aber bei den menschlichen Handlungen wirkt ein Doppeltes mit, und wenn nur das eine fehlt, so wird die Wirkung vereitelt: der Wille muß nicht nur bereit, er muß auch so stark sein, daß er eher Verlangen genannt zu werden verdiente.

Franciscus: So soll es fürder sein!

Augustinus: Weißt du aber, was dem Erfolg deiner frommen Gedanken Eintrag tut?

Franciscus: Das ist es ja, was ich dich bat, mir zu sagen; das ist es, was ich so dringend zu wissen wünsche.

Augustinus: So höre: Ich leugne nicht, daß deine Seele mit übernatürlichen Gaben ausgestattet ist; aber andrerseits darfst du überzeugt sein, daß sie infolge der steten Berührung mit dem Körper, der sie umschließt, viel von ihrem ursprünglichen Adel verloren hat; und nicht nur dies, sondern daß sie dadurch im Laufe der langen Zeit völlig abgestumpft wurde und ihren Ursprung und himmlischen Schöpfer vergessen hat. Mir scheint, daß Vergil die aus der Verbindung mit dem Körper hervorgegangenen Leidenschaften der Seele und das Vergessen ihres edleren Wesens im Auge gehabt hat, wo er sagt:

Igneus est illis vigor et celestis origo
seminibus, quantum non noxia corpora tardant
terrenique hebetant artus moribundaque membra.
Hinc metuunt cupiuntque, dolent gaudentque, neque auras
respiciunt, clause tenebris et carcere ceco.
[Feurige Lebenskraft und himmlischer Ursprung sind allen
Keimen eigen, soweit nicht schädliche Körper sie lähmen
Und kein irdisch Gelenk oder sterbliche Glieder sie schwächen.
Deshalb fürchten, begehren, leiden sie, freuen sich; und schauen
Nicht mehr hinauf zum Licht, von finsterem Kerker umschlossen.]

Erkennst du in des Dichters Worten jenes viergestaltige Ungeheuer, das der Natur des Menschen größter Feind ist?

Franciscus: Sehr deutlich erkenne ich die vierfach gegliederte große Leidenschaft der Seele, deren vier Erscheinungsformen aus dem Verhältnis des Geistes zu Gegenwart und Zukunft, zu Gütern und Übeln. So wird gleichsam durch vier widrige Winde die Ruhe der Seele gestört.

Augustinus: Mit großem Verständnis sprichst du. Bei euch trifft eben jenes Wort des Apostels zu: »Denn der sterbliche Leib beschweret die Seele, und die irdische Hütte drückt den zerstreueten Sinn.« Ins Unendliche mehren sich die Bilder irdischer Dinge, die durch die körperlichen Sinne eintreten und, nachdem sie einmal einzeln zugelassen wurden, nun in wilden Haufen sich im Innern der Seele drängen und den Geist, der nicht für sie geboren ist und so viel Häßliches nicht zu ertragen vermag, beschweren und verwirren. Daher kommt jene Pest der Phantastereien, die eure Gedanken zerreißt und zerstückelt und den erleuchtenden Betrachtungen, durch die allein man aufsteigt zum einzigen und höchsten Ziele, den Weg versperrt durch schädliche Zerstreuung.

Franciscus: Diese Pest hast du häufig, besonders aber in deinem Buche ›Von der wahren Religion‹ – dieser widerstrebt ja nichts mehr als gerade jenes Übel – glänzend behandelt. Auf dieses Buch stieß ich neulich, abschweifend von der Lektüre meiner Philosophen und Dichter. Und mit so hastiger Begierde habe ich es gelesen wie einer, der aus Eifer, Neues zu sehen, die Heimat verlassen, und nun, da er die Straßen einer ihm noch unbekannten berühmten Stadt betritt, ganz im Banne der Schönheiten des Ortes überall haltmacht und, was ihm gerade in den Weg kommt, betrachtet.

Augustinus: Wenn auch die äußere Sprache dieses Buches, wie sich das für einen Lehrer der katholischen Wahrheit ziemt, eine andere ist, so wirst du doch finden, daß die Ansichten, die ich darin vertrete, zum großen Teil philosophischen Charakters sind und sich an Platon und Sokrates anlehnen. Und um dir nichts zu verheimlichen, will ich dir gestehen, daß ich, als ich dieses Buch zu verfassen begann, dazu hauptsächlich durch ein Wort deines geliebten Cicero angeregt wurde. Aber Gott hat das Werk gefördert, so daß aus dem armen Samen eine herrliche Ernte erwuchs. – Doch kehren wir zum Thema zurück!

Franciscus: Gerne, mein bester Vater. Doch zuvor bitte ich dich um eines: Was war das für ein Wort, das dir, wie du sagst, den Inhalt zu deinem herrlichen Werke geliefert?

Augustinus: Cicero sagt irgendwo, da er sich gegen die Zeitirrtümer ausspricht:

Nihil animo videre poterant, ad oculos omnia referebant; magni autem est ingenii revocare mentem a sensibus et cogitationem a consuetudine abducere.
[Nichts konnten sie mit dem Geiste sehen, alles betrachteten sie nur mit den irdischen Augen. Und doch ist es die Aufgabe eines großen Geistes, die Vernunft von den Sinneserscheinungen zu trennen und den Gedanken von der Gewohnheit zu befreien.]

So jener. Ich aber habe dieses Wort gleichsam als Fundament benutzt und darauf jenes Werk errichtet, das, wie du sagst, dir so gefallen hat.

Franciscus: Ich kenne die Stelle; sie steht in den Tuskulanen. Aus verschiedenen Stellen deiner Werke weiß ich, daß du dieses Wort Ciceros gern hattest. Und nicht mit Unrecht; denn es gehört zu jener Art von Worten, die mit der Wahrheit des Gedankens die Feinheit und Erhabenheit des Stils verbinden. Doch nun wollen wir endlich, wenn es dir gefällt, zum Gegenstand unseres Gespräches zurückkehren.

Augustinus: Diese Pest also hat dir geschadet, und sie wird dich bald zugrunde richten, wenn du nicht vorsorgst. Denn der mit seinen Phantastereien beschäftigte und von so vielen und so vielerlei sich selbst unversöhnlich widerstrebenden Sorgen erdrückte schwache Geist kann nicht prüfen, welcher Sorge er zuerst begegnen, welche er fördern, welche er erledigen, welche er zurückstellen soll. All seine Kraft und das bißchen Zeit, das eine sparsame Hand ihm zugemessen hat, reichen nicht hin, so viel zu bewältigen. Wenn einer auf engem Raume vieles sät, so drängt und stößt sich die Saat und kann nicht gedeihen. So geschieht es nun auch dir: in deinem allzusehr beschäftigten Geist kann kein nützlicher Gedanke Wurzel fassen, und keine Frucht vermag heranzureifen. Und du selbst lässest dich ratlos in unaufhörlichem Wechsel vom einen zum anderen treiben. Nirgends bist du mit ganzem Herzen, nirgends mit ganzer Kraft. Daher kommt es, daß, sooft sich dein Geist in edlem Aufschwung zu jenen Todesgedanken und den andern Betrachtungen erhoben, durch die man den Weg zum ewigen Leben finden kann, er sich droben doch nicht halten kann und, gedrängt vom Wirrsal seiner endlosen Sorgen, wieder niedersteigen muß. Daher kommt es, daß alle guten Vorsätze in dieser Unbeständigkeit zuschanden werden. Daher kommt auch jene innere Zerfahrenheit, über die wir schon soviel gesprochen haben, und jene Unruhe der Seele, die mit sich selbst unzufrieden ist, die sich schmutzig weiß und sich nicht reinigt, die ihre qualvollen Wege kennt und sie nicht verläßt, die die drohende Gefahr fürchtet und ihr nicht vorbeugt.

Franciscus: Wehe mir Armen! Jetzt hast du tief in meine Wunden gegriffen! Dort wohnen meine Schmerzen, von dort her fürchte ich den Tod.

Augustinus: Nun ist es gut – schon weicht die dumpfe Gleichgültigkeit von dir. Doch allzulange dehnt sich das Gespräch. Wir wollen, wenn es dir gefällt, den Rest auf morgen verschieben und nun ein wenig in Ruhe aufatmen.

Franciscus: Schweigen und Ruhe werden meiner Müdigkeit wohltuend sein.

DAS ZWEITE BUCH

Augustinus: Haben wir nun genug geruht?

Franciscus: Wie es dir gefällt.

Augustinus: Wie ist dir nun zumute? Wieviel Vertrauen hast du nun? Es ist ein wichtiges Zeichen der Besserung, wenn der Kranke wieder anfängt zu hoffen.

Franciscus: Ich habe keinen Grund, vieles von mir zu hoffen. Meine Hoffnung ist allein in Gott.

Augustinus: Das ist weise gesprochen. Doch nun kehre ich zur Sache zurück: vieles umlagert dich, vieles hält dich gefangen. Du selbst weißt nicht, wie viele und wie mächtige Feinde dich bedrohen. Wer von weiter Ferne die gedrängten Reihen seiner Feinde sieht, der gibt sich leicht dem trügerischen Glauben hin, die kleine Schar verachten zu dürfen; doch wenn die Feinde näher rücken, wenn immer deutlicher vor den Augen die ungeheuren Massen sich entfalten, dann wächst mit dem das Auge blendenden Blinken der Waffen auch die Angst, und es dämmert die bittere Erkenntnis auf, die Gefahr allzusehr unterschätzt zu haben. Ich fürchte sehr, auch dir werde es so geschehen, wenn ich sehe, wie vor deinen Augen von allen Seiten her die Übel heranfluten und sich auftürmen; mit Scham und Reue wirst du erkennen, daß du deine Lage mit weniger Ernst und Sorge beurteilt hast, als nötig gewesen wäre, und du brauchst dich dann nicht zu wundern, wenn deine so stark umlagerte Seele der Feinde Reihen nicht zu durchbrechen vermag. Dann wirst du auch einsehen, wie viele schädliche Gedanken diesen einen nützlichen, zu dem ich dich zu erheben suchte, überwuchert haben.

Franciscus: Du erschreckst mich sehr. Ich glaubte immer, die mir drohenden Gefahren in ihrer Größe erkannt zu haben; und jetzt sagst du, daß dieselben über alle Annahme groß seien und daß ich im Verhältnis zu dem, was ich hätte fürchten sollen, fast nichts gefürchtet habe. Was soll ich da noch hoffen!

Augustinus: Das größte aller Übel ist die Verzweiflung. Nie kann man sich ihr spät genug hingeben. Darum sei vor allem überzeugt, daß du keinen Grund zur Verzweiflung hast.

Franciscus: Ich wußte es, doch der Schrecken ließ es mich vergessen.

Augustinus: Und nun merke auf, wende Auge und Geist zu mir. – Ich will ein Wort des dir so vertrauten Dichters gebrauchen:

> aspice qui coeant populi, que menia clausis
> ferrum acuant portis in te excidiumque tuorum.
> [Sieh, wie die Völker sich scharen und wie bei verrammelten Toren
> Städte ihr Eisen schärfen für mein und der Meinen Verderben.]

Siehe, welche Schlingen dir die Welt legt, welch eitle Hoffnungen dich umflattern, wieviel überflüssige Sorgen dich quälen! Ich will mit dem beginnen, was im Anfang aller Schöpfung jene herrlichen edeln Geister zu Fall gebracht hat: du mußt gar sehr Sorge tragen, nicht gleich jenen zu fallen! Wie viele Dinge sind es, die deinen Geist mit unheilvollen Flügeln sich erheben und unter dem Vorwand seines angeborenen Adels ihn seiner eigenen so oft erfahrenen Schwäche vergessen lassen, die ihn beschäftigen, ermüden, beunruhigen, ihn nicht zu andern Gedanken kommen lassen, ihn stolz, übermütig und bis zum Haß des Schöpfers selbstgefällig machen! Und doch, wenn das, was du dir einbildest, wirklich so hervorragend und bedeutend wäre, so müßte es dich ja nicht zum Stolz, sondern zur Demut ermahnen, da du wissen solltest, daß dies alles dir ohne irgendwelches eigene Verdienst verliehen ist. Denn was macht die Untertanen ihren irdischen Gebietern – um ganz zu schweigen von ihrem ewigen Herrn – ergebener und folgsamer als deren Wohlwollen und Freigebigkeit, die sie nicht verdienten? Sie geben sich Mühe, durch nachträglichen Eifer der Wohltaten sich würdig zu erweisen, die sie sich erst hätten verdienen sollen. Nun ist es aber sehr leicht einzusehen, wie ärmlich die Dinge sind, die dich stolz machen. Du vertraust auf dein Talent, rühmst dich der Lektüre vieler Bücher und erfreust dich deiner Beredsamkeit und der Schönheit deines sterblichen Körpers. Und doch weißt du, wie oft dich dein Talent im Stiche läßt, wieviel Künste und Fertigkeiten es gibt, in denen du nicht den niedrigsten Menschen gleichzukommen vermagst – ich habe noch zuwenig gesagt: verachtete, armselige Tierlein wirst du finden, deren Werke du selbst mit größtem Eifer nicht nachahmen kannst. Und nun gehe hin und rühme dich deines Geistes! Und jene Lektüre, was hat sie dir genützt? Was ist von dem vielen, was du gelesen hast, in deinem Geiste haften geblieben? Was hat Wurzeln getrieben? Was hat reife Früchte gezeitigt? Erforsche dein Gewissen genau, und du wirst finden, daß dein ganzes Wissen im Verhältnis zu dem, was du nicht weißt, dem kleinen, durch die Sonnenhitze ausgetrockneten Bächlein neben dem unendlichen Ozean gleicht. Und was nützt es, vieles zu wissen? Des Himmels und der Erde Maße freilich, den Raum des Meeres und den Lauf der Sterne, die Eigenschaften von Kräutern und Steinen und alle Geheimnisse der Natur kennt ihr, euch selbst aber seid ihr unbekannt. Aus Büchern habt ihr den steilen Weg zur Tugend kennengelernt, doch eure Leidenschaften treiben euch auf falsche Sündenpfade. Der Menschen Taten aus allen Jahrhunderten kennt ihr, doch um die Aufgaben eures eigenen Lebens kümmert ihr euch nicht. Und was kann ich gegen die Beredsamkeit Besseres anführen als dein eigenes Geständnis, daß dich oft das Vertrauen auf sie getäuscht habe? Was hilft es, daß deine Zuhörer dir vielleicht zugestimmt haben, wenn sie unter deiner Führung der Verdammnis entgegengehen? Der Beifall der Hörer scheint freilich ein nicht zu verachtender Erfolg der Beredsamkeit zu sein. Doch wenn dem Redner der Beifall seines eigenen Herzens fehlt, wieviel Vergnügen kann ihm dann der Beifallslärm des Pöbels bieten? Und kann deine Rede andere bezaubern, wenn sie nicht vorher dich selbst bezaubert hat? Darum ist dir auch so manches Mal das gehoffte Lob der Beredsamkeit entgangen, damit du einsiehst, wie lächerlich und albern sei, was dich stolz machte. Denn was gibt es, frage ich dich, Kindischeres, ja Wahnsinnigeres, als in träger Vernachlässigung aller wichtigen Dinge auf das Studium der Wohlredenheit alle seine Zeit zu verwenden? Und ohne mit den blöden Augen seine eigene Schmach zu sehen, ein solches Vergnügen am eigenen Geschwätz zu haben wie jene Vögelein, die sich, wie man erzählt, bis zum Tode des eigenen süßen Gesangs erfreuen? Und dazu geschieht es dir noch oft, daß du nicht einmal alltägliche und ganz geläufige Dinge mit Worten auszudrükken vermagst, worüber du dich um so mehr schämen solltest, als du sonst geneigt bist, solche Dinge als unter der Würde deiner Beredsamkeit stehend zu betrachten. Wieviel Dinge gibt es in der Natur, für die man noch keine Bezeichnung gefunden hat? Wie viele andere Dinge gibt es, die zwar einen eigenen Namen führen, zu deren Bedeutung aber die menschliche Sprache, wie du wohl weißt, noch nicht gedrungen ist? Wie oft habe ich dich klagen hören, wie oft dich schweigend und voll Ärger gesehen, weil, was für den denkenden Geist so klar und leicht zu erkennen war, sich weder mit der Zunge noch mit dem Griffel erschöpfend ausdrücken ließ. Welchen Wert hat also diese so beschränkte, ungelenke Sprache, die weder alles umfaßt noch, was sie umfaßt, völlig in der Gewalt hat? Die Griechen pflegen euch, ihr umgekehrt den Griechen Wortarmut vorzuwerfen. Seneca glaubt, daß die Griechen einen reicheren Wortschatz haben. Cicero dagegen sagt in der Einleitung des Werkes ›Vom höchsten Gut und größten Übel‹: »Es ist hier nicht der Ort, auseinanderzusetzen, wo diese so schnöde Verachtung alles Inländischen herrührt; aber dies ist meine Ansicht, und ich habe sie oft vertreten: die lateinische Sprache ist nicht, wie man allgemein annimmt, arm an Worten, sondern viel reicher noch als die griechische.« Und dieselbe oft geäußerte Ansicht vertritt er auch in seinen ›Tuskulanen‹, wo er im Laufe des Gespräches ausruft: »Griechenland, wie arm bist du an Worten, an denen du immer Überfluß zu haben glaubst!« Und er sagte dies im vollen Vertrauen darauf, daß er, der sich selbst als Fürst der lateinischen Beredsamkeit fühlte, auch wagen dürfe, mit Griechenland um den Ruhm der Rede zu streiten; wie ja auch Seneca, dieser Bewunderer der griechischen Sprache, in seinen Deklamationen schreibt: »Alles, was an römischer Beredsamkeit dem Stolz Griechenlands gleichkommt oder überlegen ist, erblüht in Cicero.« Das ist ein großes, aber zweifellos gerechtes Lob! Es bestehen also, wie du siehst, nicht nur zwischen uns und den Griechen, sondern auch gerade unter den Gelehrtesten auf unserer Seite über den Vorrang der Beredsamkeit sehr verschiedene Meinungen. Und in unserem Lager gibt es solche, die ihn jenen zusprechen, wie umgekehrt im andern Lager solche, die ihn uns zuerkennen wollen, wie das von dem berühmten Philosophen Plutarch berichtet wird. Und wenn auch Seneca, überwältigt von der Erhabenheit der süßen Sprache Ciceros, diesem die erste Stelle einräumt, so überläßt er doch im übrigen Griechenland die Palme. Cicero huldigt der entgegengesetzten Ansicht. Und wenn du mein Urteil in dieser Frage hören willst, so gebe ich beiden Teilen recht, dem, der Griechenland, und dem, der Italien wortarm nennt. Und wenn das mit Recht von diesen beiden berühmten Ländern gesagt werden kann, was können dann noch die übrigen Länder erhoffen? Wieviel darfst du selbst in dieser Sache auf deine Kraft vertrauen, wo das ganze Land, dessen geringster Teil du bist, so arm an Worten ist? Das erwäge wohl, und du wirst dich schämen, soviel Zeit verwendet zu haben auf eine Sache, die du nicht erreichen kannst, und die, wenn du sie auch erreichen würdest, völlig wertlos wäre. Doch ich will nunmehr zu anderem übergehen. Die Vorzüge deines Leibes machen dich stolz.

> nec quae te circumstent deinde pericula cernis
> [Siehst du die Gefahren nicht, die ihn umgeben?]

Und was gefällt dir denn an deinem Körper? Kraft? Gesundheit? Nichts Unzuverlässigeres, nichts Schwächeres gibt es. Das lehrt dich die Müdigkeit, die dich nach geringen Anstrengungen befällt, das lehren dich die unzähligen Krankheiten, das kann dich der Biß einer Schlange, ein leichter Zugwind und tausend ähnliche Kleinigkeiten lehren. Oder blendet dich vielleicht der Glanz der Schönheit? Wenn du die Farbe deines Gesichtes und seine Linien betrachtest, hast du dann großen Grund, dich zu bewundern und zu bestaunen, dir zu schmeicheln und dich zu ergötzen? Schreckt dich nicht des Narcissus Geschichte? Kündet dir nicht eine ernste Betrachtung deiner körperlichen Häßlichkeit dein Inneres? Bist du zufrieden mit dem Anblick der äußeren Hülle? Willst du die Augen deines Geistes nicht tiefer dringen lassen? Daß dieser äußere Blütenflor nur allzu rasch vergehen wird, das hätte dir doch, wenn zahllose andere Gründe erfolglos waren, der ruhelose Lauf der Jahre, der Tag für Tag davon abpflückt, klarer als Sonnenlicht beweisen sollen. Und wenn du auch, was du nicht zu sagen wagen wirst, glauben solltest, gefeit zu sein gegen Alter, Krankheit und die andern Dinge, die der Körper Aussehen ändern, so hättest du doch jenes Letzten, der alles zu Grabe trägt, nicht vergessen dürfen, und tief im Geiste hättest du dir einprägen sollen das Wort des Satirikers:

mors sola fatetur
quanta sint hominum corpuscula.
[Der Tod nur bringt es zutage,
was für ein winziges Häuflein der Mensch.]

Das, wenn ich mich nicht täusche, ist es, was dich in stolzer Aufgeblasenheit erhebt und hindert, deinen armseligen Zustand zu betrachten und des Todes zu gedenken. Noch andere Dinge sind es, die es mich nun weiter auszuführen treibt.

Franciscus: Halt ein, ich bitte dich! Nimmer vermag ich mich sonst, erdrückt von der Fülle deiner Vorwürfe, zu einer Antwort zu erheben.

Augustinus: So rede; ich will gerne schweigen.

Franciscus: In nicht geringes Staunen hast du mich versetzt, denn vieles hast du mir vorgeworfen, wessen ich mich nie schuldig fühle. Ich soll auf mein Talent gebaut haben? Wahrlich, der einzige Beweis meiner freilich nur geringen Begabung ist der, daß ich nie viel davon gehalten habe. Ich soll stolz sein auf meine große Belesenheit, die mir so wenig Wissen und so viel Sorgen und Mühen gebracht hat? Oder ich soll den Ruhm der Beredsamkeit erstrebt haben? Du selbst hast erzählt, wie schwer ich es trage, daß meine Sprache meinen Gedanken nicht genügt. Doch vielleicht willst du mich nur auf die Probe stellen. Du weißt ja, daß ich mir meiner geringen Bedeutung stets bewußt war. Und wenn ich je einmal in meinen Augen etwas galt, so geschah dies nur, wenn ich der andern Torheit sah. Denn so weit, wie ich oft zu sagen pflege, ist es gekommen, daß wir, nach einem bekannten Worte Ciceros: »... mehr durch der andern Schwäche als durch unsere eigene Kraft vermögen.« Und wenn ich auch alle diese Vorzüge, die du aufzähltest, im Überfluß besäße, was hätte ich dann Herrliches, worauf ich stolz sein könnte? Ich kenne mich zu gut und bin zu wenig leichtsinnig, um mich durch solchen Schimmer blenden zu lassen. Denn wie wenig haben mir Geist und Wissen und Beredsamkeit genützt, da sie mir ja kein Mittel gegen die meine Seele verzehrenden Krankheiten geben konnten! Ich erinnere mich, in einem Briefe gerade hierüber ausführlich geklagt zu haben. Und was du nun vollends wie im Ernste über meine körperlichen Vorzüge sagtest, das hat mich beinahe lachen gemacht. Ich soll meine Hoffnung auf diesen sterblichen, hinfälligen Körper gesetzt haben, dessen langsamen Verfall ich doch von Tag zu Tag mehr spüre? Gott bewahre mich davor! Als Knabe freilich lag mir daran, mein Haar zu kämmen und mein Gesicht zu schmücken. Doch mit den Jugendjahren sind mir solche Sorgen entschwunden, und an mir selbst erfahre ich nun, was einst Kaiser Domitian einem Freund in einem Brief über das schnelle Schwinden seiner körperlichen Schönheit klagend schrieb: »Wisse, daß nichts angenehmer, doch auch nichts kürzer ist als Schönheit.«

Augustinus: Vieles könnte ich dagegen einwenden; aber ich will, daß nicht meine Rede, sondern dein Gewissen dich erröten mache. Ich will auch nicht hartnäckig durch Folterqualen dir die Wahrheit erpressen, sondern als großmütiger Richter will ich zufrieden sein mit einer Bitte: Halte in Zukunft mit allem Eifer von dir fern, was du dir bisher ferngehalten zu haben behauptest. Wenn aber einmal deine Körperschönheit deine Seele verführen sollte, dann denke daran, was so bald aus deinen Gliedern, die dir jetzt gefallen, werden wird, wie entstellt, wie für dich selbst, wenn du sie sehen könntest, abschreckend häßlich sie dann sein werden. Und dann wiederhole bei dir selbst immer wieder jenes philosophische Wort: »Zu Höherem bin ich geboren, als der Sklave meines Körpers zu sein.« Fürwahr, es ist die größte Torheit der Menschen, sich selbst zu vernachlässigen um des Körpers und der Glieder willen, die sie bewohnen. Wenn einer auf kurze Zeit in einen finstern, feuchten, abscheulich stinkenden Kerker geworfen würde, bewahrte er sich dann nicht, wenn er nicht ganz von Sinnen ist, so viel als möglich vor jeder Berührung mit den Wänden oder mit dem Boden, da er ihn ja bald wieder verlassen wird, und erwartet er nicht mit lauschenden Ohren die Ankunft dessen, der ihm den Kerker öffnet? Wenn er sich dagegen nicht darum kümmerte und, starrend von dem abscheulichen Schmutz des Kerkers, sich fürchtete, denselben zu verlassen, und voll Eifer alle Sorge darauf verwendete, seine Wände zu bemalen und zu schmücken, in der eiteln Hoffnung, ihr schmutztriefendes Aussehen ändern zu können, würden wir einen solchen nicht mit Recht für wahnsinnig und beklagenswert halten? Und ihr Unglücklichen kennt und liebt euren Kerker und hängt an ihm, obwohl ihr bald aus ihm herausgeführt, ja herausgetrieben werdet, und seid besorgt, den zu schmücken, den ihr hassen solltet! Legst du doch selbst in deiner ›Africa‹ dem Vater des großen Scipio die Worte in den Mund:

> Odimus et laqueos et vincula nota timemus
> libertatis onus: quod nunc sumus, illud amamus.
> [Wir hassen die Fesseln und fürchten die bekannten Ketten:
> Der Freiheit größte Bürde, die wir selbst sind, lieben wir.]

Ein treffliches Wort! Doch würdest du nur selbst beherzigen, was du andere sagen läßt. Eines jedoch kann ich dir nicht verbergen: ein Wort, das dir vielleicht das bescheidenste in deinem ganzen Gespräche zu sein scheint, halte ich für das alleranmaßendste.

Franciscus: Ich bedaure es, wenn ich etwas Hochmütiges gesagt haben sollte; doch die Gesinnung, die ja Wort und Werk ihre Bedeutung gibt, ist mir Zeuge, daß ich nichts Anmaßendes gesagt habe.

Augustinus: Es ist eine viel schlimmere Art des Stolzes, andere zu verkleinern, als sich selbst zu erheben. Viel lieber hätte ich es gesehen, du hättest die andern gelobt und dich selbst noch über sie gestellt, als daß du, alle andern zu Boden drückend und verachtend, dich selbst auf die hochmütigste Weise mit dem Schild der Demut decktest.

Franciscus: Nimm's wie du willst. Ich halte weder von mir noch von andern viel, und es ist mir zum Ekel, zu erzählen, welche Erfahrungen ich mit der Mehrzahl meiner Mitmenschen machte.

Augustinus: Sich selbst zu verachten ist ein sicherer Weg zur Tugend, andere zu verachten ist ebenso gefährlich als eitel. Doch gehen wir zu anderem über. Weißt du, was dich sonst noch vom Ziele fernhält?

Franciscus: Nenne, was du willst; nur klage mich nicht des Neides an.

Augustinus: Ich wollte, der Stolz hätte dir so wenig geschadet als der Neid; von diesem Fehler bist du nach meinem Urteil frei. Doch andere Vorwürfe werde ich dir machen.

Franciscus: Du wirst mich fernerhin mit keiner Anklage mehr verwirren. Sage frei und offen, was mich vom rechten Wege treibt.

Augustinus: Das Streben nach irdischen Gütern.

Franciscus: Hör auf, ich beschwöre dich! Nie habe ich etwas Absurderes gehört.

Augustinus: Nun ließest du dich doch so schnell verwirren und hast des eigenen Versprechens vergessen. Wir reden ja nicht mehr vom Neide.

Franciscus: Aber vom Geiz; und ich weiß nicht, ob es jemand gibt, der dieser Sünde ferner steht als ich.

Augustinus: Das ist ein großes Selbstlob! Sei überzeugt, du bist diesem verderblichen Fehler weniger fern, als du glaubst.

Franciscus: Ich bin also nicht rein vom Laster des Geizes?

Augustinus: Auch vom Ehrgeiz nicht.

Franciscus: Nun so rede, dränge, überschütte mich und walte deines Amtes als Ankläger. Ich warte der neuen Wunden, die du mir schlagen willst.

Augustinus: Anklage und Wunde nennst du das reine Zeugnis der Wahrheit? Nun, wahr ist das Wort des Satirikers:

> accusator erit qui verum dixerit
> [Ankläger ist, der uns die Wahrheit sagt.]

Und nicht minder wahr ist der Vers der Komödie:

> obsequium amicos, veritas odium parit.
> [Liebedienerei schafft Freunde, Wahrheit nur Haß.]

Doch sprich, bitte: wozu denn diese Mühen, diese Sorgen, die deine Seele verzehren? War es denn nötig, für dieses kurze Leben sich so großen Hoffnungen hinzugeben?

> Vitae summa brevis spem nos vetat incohare longam
> [Kärgliche Summe des Seins verweigert uns langen Wahns Beginnen.]

Dies liesest du immer und beachtest es nie. Du wirst, schätze ich, antworten, daß nur Freundesliebe dich dazu treibe, und so dem Fehler einen schönen Namen finden. Doch welcher Wahnsinn ist es, dich selbst zu hassen und zu verfolgen, damit ein anderer dir Freund sei?

Franciscus: Ich bin nicht so hart und selbstsüchtig, daß ich mich nicht um Freunde kümmerte, vor allem um die, die Tugend oder Verdienst mir verbindet. Denn meine Freunde teile ich ein in solche, die ich bewundere, solche, die ich verehre, solche, die ich liebe, und solche, mit denen ich Mitleid habe. Doch bin ich andrerseits auch nicht so übergütig, daß ich Freunden zuliebe mich ins Verderben stürzte. Doch verlangt die Vernunft, daß wir für unsern täglichen Unterhalt sorgen, solange wir leben. Und nur dieses tue ich. Und da du mich mit Waffen aus Horaz zu treffen suchtest, so soll mich nun auch Horaz als Schild dekken:

sit bona librorum et provisae frugis in annum
copia neu fluitem dubiae spe pendulus horae.
[Laßt mir's an Büchern nicht, auch nicht an Vorrat,
was auf ein Jahr vonnöten ist, gebrechen,
damit die ungewisse Zukunft im Genuß
des Gegenwärt'gen mich nicht stören müsse!]

Und da es weder mein Wunsch ist, wie derselbe Dichter sagt, »schmählich noch ohne Gesang zu altern«, und da ich doch so große Furcht vor den Wechselfällen der kommenden Jahre habe, so trage ich eben Sorge für beides und lebe neben den schönen Künsten und Wissenschaften nun auch meinen häuslichen Pflichten. Doch wahrlich, ich tue das so nachlässig, daß man deutlich sieht, daß ich, nur der Not gehorchend, mich dazu verstehen kann.

Augustinus: Ich sehe, wie tief solche Gedanken, mit denen du deine Torheit zu verteidigen suchst, sich in dein Herz eingenistet haben. Aber warum blieben in deinem Gedächtnis nicht ebenso lebendig jene andern Verse des Satirikers:

Sed quo divitias haec per tormenta coactas,
cum furor haud dubius? cum sit manifesta phrenesis,
ut locuples moriaris, egenti vivere fato?
[Aber wozu diese Schätze, mit Folterqualen gesammelt?
Ist es doch zweifellos Torheit und offenkundiger Wahnsinn,
Um einst als Reicher zu scheiden, sein ganzes Leben zu darben.]

Ich glaube, du hältst es für wunderherrlich, in Purpurkleidern zu sterben, in einem Marmorsarkophag zu liegen und Erben zu hinterlassen, die sich um deine reichen Güter zanken? Dies ist ja der ganze Segen der Reichtümer, die du erstrebst. Eine überflüssige und, glaube es mir, törichte Mühe! Wenn du die menschliche Natur betrachtest, so findest du, daß sie mit wenigem zufrieden ist; und was deine eigene Veranlagung betrifft, so gibt es kaum einen Menschen, der sich mit wenigerem begnügen könnte als du. Doch die allgemeine Torheit hat auch dich mitgerissen. Des Volkes Sitten und Wünsche und vielleicht auch seine eigene Gesinnung hatte der Dichter im Auge, da er sang:

victum infelicem tellus lapidosaque corna
dant rami, et vulsis pascunt radicibus herbae
[Ungedeihliche Kost, Waldbeeren, harte Kornellen
Bieten die Büsche, auch nähre ich mich von entwurzelten Kräutern.]

Du dagegen mußt gestehen, daß nichts süßer und lieblicher ist als eine solche Lebensweise, so du nur wagtest, nach deinen Wünschen und nicht nach des verrückten Volkes Vorschriften zu leben. Was quälst du dich ab? Für deine Bedürfnisse bist du längst reich genug, und einen Reichtum, wie er dem Volke gefällt, wirst du doch nie erlangen können. Immer wird ein Restchen fehlen, und suchst du es zu erjagen, so fällst du in die Fesseln ungezügelter Begierden. Erinnerst du dich noch, wie glückselig du einst auf dem Lande in stiller Zurückgezogenheit lebtest? Bald lagst du mitten im Flor der Wiesenblumen und lauschtest dem Murmeln des fließenden Wassers, bald saßest du auf frei gelegenen Hügeln und ließest fessellos den Blick über die drunten liegenden weiten Lande schweifen, dann lagst du wieder an schattigen Plätzen des warmen, sonnigen Tales und gabst dich dem süßen Schlummer hin und genossest der ersehnten Ruhe; nie warst du müßig, immer mit hohen Gedanken beschäftigt, immer in der Musen Gesellschaft, nie allein. Wenn du endlich wie jener Alte bei Vergil:

> regum aequabat opes animis seraque revertens
> nocte domum, dapibus mensas onerabat inemptis
> [Reich wie ein König fühlte er sich, und wenn er abends
> nach Haus kam, fand er den Tisch mit selbstgezogenem
> Schmause besetzt.]

bei Sonnenuntergang in dein enges Heim zurückkehrtest, zufrieden mit deinem bescheidenen Besitze – hieltest du dich da nicht für den reichsten und glücklichsten aller Menschen?

Franciscus: Ach, ich erinnere mich, und weinend denke ich jener Zeit.

Augustinus: Was weinst du, du Tor? Was hat dich denn jetzt so unglücklich gemacht? Ist es nicht allein dein Herz, das es verdroß, solange den Gesetzen seiner eigenen Natur zu folgen, und das nun glaubte, von diesem Joch sich befreien zu müssen? Dein Herz reißt dich gewaltig mit sich fort, und wenn du nicht die Zügel straffer hältst, so wird es dich mit ins Verderben reißen. Erst seit du anfingst, der Früchte deiner eigenen Bäume überdrüssig zu werden, seit das bescheidene Gewand und das Zusammenleben mit den Bauern dich anwiderte, haben dich deine zügellosen Begierden zurückgerissen in den Tumult der Städte. Und wie heiter und ruhig du da lebst, das bezeugen dein Angesicht und deine Worte. Wieviel Elend hast du nicht gesehen! Und noch immer schwankst du und hängst hartnäckig an dem, womit du so traurige Erfahrungen gemacht hast? Vielleicht fesseln dich die Bande der Sünde, vielleicht läßt Gott es zu, daß du dort, wo du nach fremdem Willen deine Jugend verbrachtest, nun auch als dein eigener Herr dein trauriges Alter beschließt. Ich stand dir zur Seite, als du, noch ein zarter Jüngling, keine Leidenschaft und keinen Ehrgeiz kanntest, als du noch Großes von dir hoffen ließest. Jetzt hat sich dein Herz geändert, und du bist unglücklich geworden. Je näher du dem Ende bist, desto eifriger raffst du zusammen, was du an Zehrgeld für die kommenden Jahre nötig zu haben glaubst. Was wird das Ende sein? An deinem Todestage, der vielleicht schon nahe ist und der wahrlich nicht mehr fern sein kann, wirst du noch, nach Golde dürstend, halbentseelt das Zinsbuch lesen. Denn was du täglich in dir wachsen läßt, das muß ja am letzten Tage riesengroß geworden sein und das erlaubte Maß längst überschritten haben.

Franciscus: Ist es so tadelnswert, daß ich, einer späteren Armut vorbeugend, dem müden Alter jetzt schon Unterstützung suche?

Augustinus: Oh, diese lächerlichen Sorgen, dieser törichte Eifer! Schon jetzt ängstlich für eine Zeit zu sorgen, die du vielleicht nie erreichen und in der du jedenfalls nur kurze Zeit verweilen wirst, das Ziel aber zu vergessen, das du unfehlbar erreichen wirst und von dem es kein Zurück mehr gibt! Doch das ist bei euch traurige Sitte: für das Vergängliche sorgt ihr, um das Ewige zu vergessen. Wenn du diesen Fehler zu entschuldigen suchst durch den Hinweis auf die Armut deiner alten Tage, so denkst du dabei vielleicht an den Vers Vergils:

> atque inopi metuens formica senectae
> [und, besorgt um ihr darbendes Alter, die Ameise.]

Die Ameise scheinst du dir als Lebensvorbild erwählt zu haben und bist darob zu entschuldigen nach dem Worte des Satirikers:

frigusque famemque
formica tandem quidam expavere magistra.
[und Hunger fürchten und Winter,
belehrt durch der Ameise treffliches Vorbild.]

Doch wenn du nicht ganz zur Ameise in die Lehre gegangen bist, so wirst du finden, daß es nichts Törichteres gibt, als immer Armut zu leiden, um einmal nicht Armut leiden zu müssen. Wie, ich rate also zur Armut? Ich wünsche sie keinem, doch wird man sie zu ertragen wissen, wenn das Schicksal, das über der Menschen Los entscheidet, dazu zwingt. Wir haben immer und überall die richtige Mitte zu erstreben! Ich will darum nicht, daß du nach den Vorschriften derer lebst, die sagen: »Wasser und Brot genügt dem Menschen zum Leben, und keiner darf sich dabei arm nennen. Wer keine andern Wünsche hat, der kann sich an Glückseligkeit selbst mit Jupiter messen.« Und ich bestimme auch nicht Flüsse und Getreidefelder als die einzigen Güter, woraus der Mensch sein Leben friste. Solche herrlichen Wahrheiten sind ja dem menschlichen Ohre längst peinlich und verhaßt geworden. Deiner Schwachheit Rechnung tragend, verlange ich nicht von dir, deine Natur völlig abzutöten; doch sollst du sie im Zaume halten. Dein Vermögen hätte für den täglichen Bedarf genügt, wenn du dir selbst genügt hättest; die Armut, die du leidest, hast du dir selbst geschaffen. Denn daß das Anhäufen von Reichtümern Bedürfnisse und Sorgen mehrt, ist schon so oft erörtert worden, daß es nicht weiterer Beweise bedarf. Ein sonderbarer Irrtum und ein bedauernswertes Mißverständnis ist es, daß das menschliche Herz trotz seiner edeln Natur und seines himmlischen Ursprungs seine überirdischen Bedürfnisse vergißt und nach irdischen Metallen hungert. Denke ernstlich darüber nach, und strenge die Augen deines Geistes an, und laß sie nicht geblendet werden durch den Glanz des strahlenden Goldes! Fühlst du dich nicht, sooft du, von den Widerhaken des Geizes gezogen, dich von den höchsten Sorgen zu diesen kleinlichen wendest, vom Himmel auf die Erde, von den Sternen in die tiefsten Abgründe gestürzt?

Franciscus: Ich fühle es wohl, und unsagbar schwer hat mich der Fall verletzt.

Augustinus: Und trotz dieser bitteren Erfahrungen fürchtest du dich nicht und setzt den Fuß nicht fester auf, da du dich einmal zum Ewigen erhoben hast?

Franciscus: Mit allem Eifer strebe ich danach; doch die menschliche Natur ist stärker, und wider meinen Willen treibt es mich fort. Nicht ohne Grund, vermute ich, haben die alten Dichter des Parnassus Doppelgipfel zwei Gottheiten geweiht: damit sie von Apollo, dem Gott des Geistes, Schutz für ihre Seele, von Bacchus dagegen Befriedigung ihrer leiblichen Bedürfnisse erbitten könnten. Zu dieser Ansicht führt mich nicht nur die eigene Erfahrung, sondern auch das häufig wiederholte Urteil der gelehrtesten Männer, die ich dir nicht aufzuzählen brauche. So lächerlich sonst der Glaube an einen ganzen Haufen von Göttern ist, so ist doch diese Anschauung der Dichter nicht ganz widersinnig. Und wenn ich sie auf den einen Gott anwende, von dem alle Güter kommen, so glaube ich hierin nicht ganz unvernünftig zu denken. Doch vielleicht hast du eine andere Ansicht?

Augustinus: Ich gebe zu, daß du recht hast; doch bin ich darüber unwillig, daß du deine Zeit so ungleich verteilst. Einst weihtest du dein ganzes Leben den Sorgen um die höchsten Güter, und wenn du dich einmal von der Not gezwungen mit andern Dingen beschäftigen mußtest, so nanntest du das eine verlorene Zeit. Jetzt aber widmest du diesen edeln Gedanken nur so viel Zeit, als dir der Geiz noch übrigläßt. Wer wünschte, ein reifes Alter zu erreichen, wenn es so das Streben der Menschen ändert? Wo ist das Ende? Wo das Maß? Setze dir ein Ziel, und wenn du dieses erreicht hast, so halte ein und hole Atem! Du weißt, daß jenes Menschenwort göttliche Weisheit enthält:

> Semper avarus eget; certum voto pete finem.
> [Der Geizige darbt ewig; zieh einen engen Kreis um deine Wünsche.]

Doch was wird das Ziel deiner Wünsche sein?

Franciscus: Weder Not zu leiden noch Überfluß zu haben, weder über den anderen noch unter ihnen stehen zu müssen, das ist mein höchster Wunsch.

Augustinus: Wenn du keine Not mehr leiden willst, dann mußt du die menschliche Natur von dir werfen und ein Gott werden. Weißt du denn nicht, daß unter allem, was da lebt, der Mensch das bedürftigste Wesen ist?

Franciscus: Ich habe es schon oft gehört, doch mein Gedächtnis läßt mich im Stich.

Augustinus: Sieh ihn an, wie er nackt und unförmig, wimmernd und weinend, zur Welt kommt, wie er mit einigen Tropfen Milch genährt wird, wie er, zitternd und am Boden kriechend, der Mitmenschen Hilfe bedarf, wie stumme Tiere ihn nähren und kleiden müssen! Sieh seinen schwachen Körper, die ruhelos unbeständige Seele! Tausend Krankheiten verfolgen, unzählige Leidenschaften beherrschen ihn. Ratlos wird er umhergeworfen zwischen Freude und Trauer, und sein schwacher Wille vermag nicht der wilden Begierden Herr zu werden. Er weiß nicht, was an Speise und Trank ihm not tut; die Nahrung, die allen Tieren offenliegt, muß er sich selbst erst in ernster Arbeit zu erwerben suchen. Das Schlafen macht ihn übermütig, das Wachen schlaff; das Essen macht ihn fett, der Hunger mager; das Trinken macht ihn zügellos, und der Durst peinigt ihn. Bald ist er voll glühenden Eifers, bald voll feiger Furcht. Was er besitzt, dessen ist er überdrüssig, und was er verloren hat, beweint er. Um Vergangenheit, Gegenwart und Zukunft gleich besorgt, ist er doch voll Hochmut inmitten seines Elends, und hierin ärmer als das ärmste Würmchen; seiner eigenen Schwäche voll bewußt, steht er wehrlos dem raschen Lauf des kurzen Lebens, der dunklen Zukunft, dem unausbleiblichen Ende und tausend drohenden Todesarten gegenüber.

Franciscus: Jammer und Elend ohne Ende häufst du vor mir auf. Da möchte es ja den Menschen reuen, Mensch zu sein.

Augustinus: Und angesichts solcher Schwäche, solcher Armut der menschlichen Natur, wünschst du dir Reichtum und Macht in solchem Maße, wie sie noch keinem Kaiser und keinem König zuteil geworden?

Franciscus: Wer sagte das? Wer sprach von Reichtum und Macht?

Augustinus: Ei nun – welcher Reichtum ist größer als der des Bedürfnislosen? Welche Macht ist größer als die des Unabhängigen? Auch die Könige und Herren der Erde, die du vielleicht für überreich hältst, haben Mangel an unzähligen Dingen. Und die gefürchtetsten Söldnerführer selbst sind denen unterworfen, denen sie zu befehlen scheinen: vor ihren bewaffneten Banden, um derentwillen sie gefürchtet sind, müssen sie selbst sich am meisten fürchten. Höre darum auf, Unmögliches zu erhoffen; sei zufrieden mit dem menschlichen Geschick, und lerne Überfluß und Armut zu ertragen, zu herrschen und zu gehorchen! Nie wirst du im Leben, so wie du bisher lebtest, das Joch des Schicksals, unter dem auch Könige seufzen, von dir werfen können. Wisse, daß dir dies erst dann gelingen kann, wenn du alle Leidenschaft in dir ertötet, wenn du dich ganz der Tugend hingegeben hast. Dann wirst du frei sein, bedürfnislos und unabhängig, in Wahrheit ein König und ein Mächtiger, in lückenlosem Glück!

Franciscus: Mich reut mein bisheriges Treiben. Ich wünsche, nichts zu wünschen. Doch die schlimme Gewohnheit hält mich im Banne, und immer fühle ich in meinem Innern unerfüllte Wünsche.

Augustinus: Dies ist es ja – um wieder auf den Ausgangspunkt hinzuweisen –, was dich von den Gedanken an den Tod abhält. Du vermagst nicht, die Augen zu den ewigen Zielen zu erheben, weil du in irdische Sorgen verwickelt bist. Die mußt du, glaube mir, wie eine verfluchte Bürde deiner Seele von dir werfen! Und ohne große Mühe wirst du sie von dir werfen können, wenn du nur dein Leben nach den Gesetzen deiner inneren Natur zu leben wagst und dich nicht nach den tyrannischen Befehlen des wahnsinnigen Pöbels richtest.

Franciscus: Möge es so geschehen! Ich will das Meinige tun. – Doch du wolltest von meinem Ehrgeiz sprechen. Längst bin ich begierig, davon zu hören.

Augustinus: Was fragst du mich? was du dir selbst am besten sagen kannst? Erforsche dein Gewissen, und du wirst finden, daß unter deinen Lastern der Ehrgeiz nicht die letzte Stelle einnimmt.

Franciscus: Umsonst also habe ich die Städte geflohen, das Volk und die öffentliche Tätigkeit verachtet, mich in die Wälder und auf das stille Land zurückgezogen, Todfeindschaft allen irdischen Ehren angesagt? Trotz alledem bleibt mir der Vorwurf des Ehrgeizes nicht erspart?

Augustinus: Ihr Menschen gebt vieles auf, nicht weil ihr es verachtet, sondern weil ihr verzweifelt, es zu erreichen. Hoffnung und Wunsch reizen sich wechselseitig: schwindet die Hoffnung, so erkaltet das Verlangen; wächst sie, so erglüht auch wieder der Wunsch.

Franciscus: Was verbietet mir denn, große Hoffnungen zu hegen? Fehlen mir denn alle schönen Künste?

Augustinus: Von den schönen Künsten rede ich nicht. Aber jene Künste wahrlich fehlen dir, durch die allein man heute zu großen Ehren gelangt: die Kunst, sich bei den Großen einzuschmeicheln, die Kunst zu täuschen, zu versprechen und zu lügen, zu heucheln und sich zu verstellen und unwürdige, schwere Unbilden geduldig schweigend zu ertragen – an solchen Künsten bist du arm. Und wissend, daß sich deine Natur nicht überwinden läßt, hast du dir andere Ziele gesetzt, vorsichtig und klug, denn seiner eigenen Natur widerstreben, hieße ja, wie Cicero sagt, den Kampf der Giganten gegen die Götter kämpfen.

Franciscus: Fahrt wohl, ihr Ehren der Welt, wenn solche Künste euch erwerben!

Augustinus: Darin hast du recht. Doch hast du damit deine Unschuld in meinen Augen noch nicht bewiesen.

Denn daß du die Beschwerden scheutest, sie zu erwerben, beweist noch nicht, daß du irdische Ehren verachtet hast, so wie der Rom nicht verachtet, der die Mühen des weiten Weges scheut und nach kurzem Marsche wieder heimkehrt. Und du bist nicht einmal zurückgekehrt, wie du dir einbildest und mich glauben machen willst. Nicht einen Finger breit vermagst du dich vor mir zu bergen. Was du denkst und tust, liegt offen vor meinen Augen. Und daß du, wie du dich rühmst, die Städte geflohen und das Land aufgesucht hast, das dient dir nicht zur Entschuldigung, sondern verrät nur eine andere Art der Schuld. Tausend Wege führen zu einem Ziel. Du hast wohl die breitgetretene Straße verlassen, doch glaube mir, auf Seitenpfaden eilst du demselben Ziele deines Ehrgeizes zu, das du zu verachten vorgibst. Ruhe, Einsamkeit, deine Verachtung aller irdischen Dinge und diese deine Studien führen dich diesen Weg; ihr letztes Ziel ist noch immer der Ruhm.

Franciscus: Du treibst mich in die Enge. Zwar könnte ich dir noch immer entrinnen, doch unsere Zeit ist kurz bemessen, und noch viel ist zu sagen. Wenn du willst, so fahren wir fort.

Augustinus: So folge mir, ich will dich führen. – Von den Lüsten des Gaumens brauchen wir nicht zu reden, solche Sünden kennst du nicht, wenn auch manchmal das so angenehme gemeinsame Speisen mit Freunden dir Freude macht. Doch davon ist nichts zu fürchten. Denn sobald wieder die ländliche Einsamkeit den der Stadt Entflohenen umfängt, fliehen schnell die stillen Wünsche nach solchen Vergnügungen, und unbehelligt von ihnen sehe ich dich zu meiner großen Freude ein Leben führen, so mäßig und nüchtern, wie man es bei Leuten deines Alters nicht gewohnt ist. Auch den Zorn kann ich übergehen. Denn wenn du dich auch oft mehr, als du Ursache hast, erregst, so pflegst du doch entsprechend deiner weichen, versöhnlichen Natur schnell wieder das erregte Gemüt zu besänftigen, eingedenk der Verse des Horaz:

> Ira furor brevis est; animum rege qui, nisi paret,
> imperat; hunc vinclis, hunc tu compesce catena.
> [Zorn ist kurze Raserei.
> Regiere deine Leidenschaften, zähme sie
> mit Ketten und Gebiß! Denn sind sie dir
> nicht untertan, so sind sie deine Herren.]

Franciscus: Ich gestehe, diese Verse und andere weise Worte von Philosophen haben mir viel genützt. Am meisten aber war mir der Gedanke an die Kürze unseres Lebens von Nutzen. Denn welcher Wahnsinn ist es, die wenigen Tage, die wir unter Menschen verbringen dürfen, zu der Mitmenschen Haß und Schaden zu verwenden! Wie bald kommt der letzte Tag, der die Zornesgluten in der menschlichen Brust löscht und allem Haß ein Ende macht, der unsern Feind, dem wir das Schlimmste, den Tod, gewünscht, von dieser Erde nimmt und uns so den traurigen Wunsch in bittere Erfüllung gehen läßt! Was nützt es denn, sich und andere zu verderben? Die besten Stunden unseres kurzen Lebens zu vergeuden? Die Tage, die uns für die edlen Freuden dieser Erde und für die Vorbereitung auf das Jenseits so knapp zugemessen sind, daß sie kaum zum wenigsten hinreichen, unserm eigenen Heile zu entziehen und sie zu unserer und der Mitmenschen Trauer und Verderben zu gebrauchen? Diese Betrachtungen waren mir von solchem Nutzen, daß ich, wenn auch erregt, mich dem Zorn nie ganz überlassen, und wenn ich mich einmal hinreißen ließ, bald wieder beruhigt habe. Vom Zorn aber ganz unberührt zu bleiben, das ist mir trotz aller Mühe bisher nicht gelungen.

Augustinus: Da von den Regungen deines Zornes weder für dich noch für deine Mitmenschen schwerer Schaden zu befürchten ist, so will ich zufrieden sein, wenn du dich, da du zu den stoischen Grundsätzen, die alle Übel von Grund aus zu heilen versprechen, dich nicht erheben kannst, mit den Linderungen begnügst, die die peripatetische Schule zu bieten vermag. Lassen wir also dieses, und gehen wir über zu Dingen, die dir viel gefährlicher sind, vor denen du dich viel mehr zu hüten hast.

Franciscus: Gütiger Himmel! Noch gefährlichere Dinge weißt du zu nennen?

Augustinus: Von welchen Flammen der Wollust wirst du verzehrt!

Franciscus: Ach, manchmal sind sie so ungeheuer stark, daß ich es bitter trage, nicht völlig fühllos geboren zu sein. Lieber wollte ich ein lebloser, kalter Felsblock sein, als unter so wilden Trieben meines Fleisches leiden zu müssen.

Augustinus: Diese Leidenschaften sind es, die dich am meisten von der Betrachtung göttlicher Dinge abziehen. Und dies meint auch Platon mit seiner göttlichen Lehre: wir sollen die Seele rein halten von allen Lüsten des Leibes und alle Phantastereien aus ihr ausrotten. Dann erst werde sie sich rein und frei erheben zum Schauen der göttlichen Geheimnisse und zum Gedanken an die eigene Vergänglichkeit. Du weißt, wovon ich rede; diese Gedanken sind dir vertraut aus den Büchern Platons, die du ja neulich mit so großem Eifer gelesen hast.

Franciscus: Ja, ich las sie mit frohen Hoffnungen und heißer Lernbegierde. Doch meine geringen Kenntnisse in der fremden Sprache und die unerwartet rasche Abreise meines Lehrers haben mir das weitere Lesen unmöglich gemacht. Doch ist mir die Lehre, die du erwähnst, aus deinen Schriften und den Abhandlungen anderer Platoniker durchaus bekannt.

Augustinus: Es kommt ja nicht darauf an, welcher Lehrer dich in der Wahrheit unterrichtet hat – wenngleich das persönliche Ansehen oft viel vermag.

Franciscus: Bei mir vor allem vermag das Ansehen dieses Lehrers sehr viel. Die größte Achtung vor ihm hat mir jenes Wort Ciceros in den Tuskulanen eingeflößt, wo er sagt: »Auch wenn Platon keine Gründe anführte, würde er mich durch seine persönliche Autorität überzeugen. So sehr schätze ich ihn.« Mir erschiene es als eine Beleidigung dieses göttlichen Geistes, wollte man Platon zwingen, Gründe anzugeben, während der Pöbel einen Nachbeter des Pythagoras sich zum Führer macht. Doch ich schweife zu weit ab. – Zu dieser Lehre des Platon hat mich schon längst sein Ansehen, die Vernunft und die eigene Erfahrung bekehrt, und ich bin überzeugt, daß nichts Wahreres, nichts Heiligeres gesagt werden kann. Mit Gottes Hilfe habe ich mich bisweilen emporgeschwungen, daß ich in unglaublicher, unendlicher Süßigkeit erkannte, was mir zu Nutz und Schaden war. Und nun, da meines Leibes Last mich wieder in das alte Elend niedergezogen hat, empfinde ich in tiefster Bitterkeit der Seele, was mir zum Verderben ward. Dies erzähle ich dir, damit du dich nicht wunderst, wenn ich sage, daß mich die eigene Erfahrung von der Wahrheit jener Lehre überzeugt hat.

Augustinus: Ich wundere mich nicht, denn ich war Zeuge deiner Kämpfe und sah dich fallen und dich wieder erheben. Und nun, da du wieder gefallen bist, treibt mich das Mitleid, und ich bin gewillt, dir zu helfen.

Franciscus: Ich danke dir für dein Mitleid. Doch was vermag hier menschliche Hilfe?

Augustinus: Nichts. Doch Gott vermag alles. Enthaltsam kann nur der leben, dem es Gott verleiht. Von ihm also mußt du diese Gnade immer wieder demütig und weinend erflehen. Er versagt nichts, was auf rechte Weise erbeten wird.

Franciscus: Das habe ich schon so oft getan, daß ich fast fürchte, ihm lästig zu werden.

Augustinus: Aber nicht demütig und nicht aufrichtig genug hast du es von ihm erfleht. Immer hast du im Herzen Raum gelassen für die wiederkehrenden Begierden und hast auf eine späte Erhörung deiner Gebete gehofft. Ich rede aus Erfahrung; denn auch ich sprach einst zu Gott: »Gib mir Keuschheit, aber nicht schon heute! Verschieb es ein wenig! Bald genug kommt die Zeit dazu. Noch stehe ich ja in blühender Kraft. Laß meine Jugend sich austoben und ihre Wege gehen! Zu meiner größeren Schande würde ich ja nur zurückfallen in meine Jugendsünden. Dann will ich ablassen davon, wenn die Jahre mich alt und schwach gemacht haben und wenn die Übersättigung an den Lüsten keinen Rückfall mehr befürchten läßt.« Siehst du nicht ein, daß du mit solchen Worten eine heuchlerische Bitte tust?

Franciscus: Wieso?

Augustinus: Wer ein Gut erst für die Zukunft fordert, zeigt, daß er es jetzt verachtet.

Franciscus: Ich habe es für die Gegenwart gefordert, oft und unter Tränen, und habe gehofft, die Fesseln der Leidenschaften zerreißen und über das Elend des Lebens triumphieren zu können und aus den zahllosen Stürmen nutzloser Sorgen unversehrt einfahren zu dürfen in einen glücklichen, sichern Hafen. Aber ach, wie oft habe ich immer wieder an denselben Klippen Schiffbruch erlitten, wie oft werde ich fernerhin daran Schiffbruch leiden, verlassen von aller Hilfe! – Du weißt es selbst.

Augustinus: Glaube mir, etwas hat immer deinem Gebete gefehlt. Darum hat der barmherzige Gott die Erfüllung verweigert, wie er es dem Apostel Paulus tat, zur Vervollkommnung deiner Tugend und um deine Schwäche dich fühlen zu lassen.

Franciscus: So denke ich auch. Trotzdem aber will ich auch fernerhin unermüdlich mit meinen Gebeten den Himmel bestürmen und will nicht nachlassen und nicht verzweifeln. Vielleicht erbarmt sich der Allmächtige meiner Not und neigt sein Ohr meinen täglichen Bitten. Und was an meinem schwachen Gebete eine Erhörung nicht verdient, das wende Gottes Gnade selbst zum Bessern!

Augustinus: Du selbst mußt dich zu erheben suchen, dich wenigstens aufrichten und auf den Arm stützen, wie es der hilflos am Boden Liegende zu tun pflegt, und um dich sehen nach den Übeln, die dir drohen, damit nicht neue Angriffe dich unvorbereitet treffen. Und dann flehe den an, der Hilfe bringen kann. Vielleicht ist er dir nahe, da du ihn fern glaubst. Eines aber halte immer vor Augen, Platons heilige, ehrfurchtgebietende Wahrheit, daß uns vom Schauen der Gottheit nichts mehr abzieht als fleischliche Begierden und die entflammte Sinnlichkeit. Dieser Gedanke sei stets in dir lebendig! Das ist mein bester Rat.

Franciscus: Damit du siehst, wie sehr ich diese Wahrheit

liebe, will ich dir sagen, daß ich sie nicht nur erkannte, wenn ich sie in ihrem eigenen Haus, den Büchern Platons, fand, sondern daß ich sie auch fühlte und mit Eifer aufgegriffen habe, wenn ich sie auf fremden Straßen und versteckt in fremden Wäldern traf. Ich habe mir jene Stelle gemerkt, da sie meinen Augen begegnete.

Augustinus: Was willst du damit sagen?

Franciscus: Du weißt, durch welche Gefahren in jener letzten fürchterlichen Nacht bei Trojas Untergang Vergil seinen Helden schreiten läßt?

Augustinus: Ich weiß es; in allen Schulen lernt man es ja, Vergil läßt Aeneas seine Erlebnisse selbst erzählen:

Quis cladem illius noctis, quis funera fando
explicet aut possit lacrimis aequare labores?
Urbs antiqua ruit multos dominata per annos;
plurima perque vias sternuntur inertia passim
corpora, perque domos et religiosa deorum
limina. Nec soli penas dant sanguine Teucri;
quondam etiam victis redit in precordia virtus,
victoresque cadunt Danai. Crudelis ubique
luctus, ubique pavor et plurima mortis imago.
[Wer vermöchte mit Worten den Mord und die Schrecken zu schildern
Dieser Nacht? Wer möchte mit Tränen die Qualen ermessen?
Troja, das alte, stürzt, das so viele Jahre geherrscht hat.
Zahllos bedecken die Straßen die wahllos niedergestreckten
Leiber, die Häuser sind voll und selbst der Götter geweihte
Schwellen. Doch nicht allein die Troer büßen hier blutig:
Neuer Mut erwacht zuweilen auch in den Besiegten,
Und es fallen dann auch die siegenden Danaer. Jammer
Rings und rings Entsetzen und tausend Bilder des Todes.]

Franciscus: Solange nun Aeneas unter Führung der Venus durch Kampf und Feuersbrunst irrte, sahen seine offenen Augen nichts vom Zorn der beleidigten Götter; solange sie mit ihm sprach, sah er im Kampfe nur die Menschen. Aber kaum war Venus von ihm gegangen, da erschaute er alsbald, wie du weißt, die Gestalten der zürnenden Götter, und er erkannte die drohenden Gefahren:

Apparent dirae facies inimicaque Troiae
numina magna deum
[Da erschienen die wilden Gestalten der herrlichen Götter
Wider Troja kämpfend ...]

Und daraus habe ich den Gedanken gelesen, daß der Dienst der Venus uns den Anblick der Gottheit raubt.

Augustinus: Sehr schön hast du die Sonne hinter den Wolken gefunden. So liegt in allen dichterischen Gebilden eine tiefe Wahrheit, zu der uns nur die schmalsten Pfade führen. Doch wir wollen zum Thema zurückkehren und für später aufschieben, was wir hierüber noch zu sagen haben.

Franciscus: Rede offen: wohin willst du mich führen?

Augustinus: Die größten Wunden deiner Seele habe ich noch nicht berührt und mit Bedacht dies bis zum Schluß aufgeschoben. Denn das zuletzt Gesagte prägt sich dem Gedächtnis am tiefsten ein. Von einer jener fleischlichen Begierden, wovon wir einige Worte gesprochen, wird sehr viel zu sagen sein.

Franciscus: So fahre fort, wie es dir beliebt.

Augustinus: Wenn du nicht von unverschämter Starrköpfigkeit bist, so werden wir nun keinen Grund mehr haben, uns zu widersprechen.

Franciscus: Nichts wäre mir lieber, als wenn aller Anlaß zum Streit aus der Welt geschafft wäre. Immer stritt ich nur mit großem Widerwillen, auch wenn ich von meiner Sache noch so fest überzeugt war. Denn unter Freunden ist das

Streiten ein hartes, widerwärtiges Ding, das oft der Freundschaft Eintrag tut. Doch nun sprich: was ist es, worin ich dir sofort zustimmen soll?

Augustinus: Du leidest an einer unheilvollen Seelenkrankheit. Die Modernen nennen sie Melancholie, die Alten hießen sie Gram.

Franciscus: Schon ihren Namen hasse ich.

Augustinus: Kein Wunder. Lange und schwer hat sie dich gequält.

Franciscus: So ist es. Und dazu kommt, daß ich eine falsche Seligkeit verspüre in allem, worunter ich leide. Dieser traurige Seelenzustand ist für mich eine Fülle von Schmerzen, Elend und Schrecken, ein offener Weg zur Verzweiflung. Er kann eine unglückliche Seele ins Verderben treiben. Unter meinen andern Leidenschaften habe ich oft, aber immer nur kurz und vorübergehend zu leiden. Diese Pest aber lastet bisweilen so hartnäckig auf meiner Seele, daß sie ganze lange Tage und Nächte mich fesselt und foltert. Ach, das sind Stunden, nicht des Lichtes und Lebens, sondern höllischer Finsternis und des bittersten Todes! Und der Gipfel allen Jammers ist, daß ich mit einer trüben Wollust mich an meinen Tränen und Schmerzen weide und nur ungern mich ihnen entreiße.

Augustinus: Du kennst deine Krankheit gar gut. Lerntest du nur auch ihre Ursachen kennen! Sage: was ist es, das dich niederschlägt? Die Unruhe des irdischen Lebens? Körperliche Schmerzen? Oder der ungerechte Schlag eines harten Schicksals?

Franciscus: Nicht ein einzelnes von ihnen. Im Einzelkampf stünde ich unbesiegt. Nun aber erdrückt mich ein ganzes Heer.

Augustinus: Sage deutlicher, was dich bedrückt.

Franciscus: Hat mir das Schicksal eine Wunde geschlagen, so stehe ich unerschüttert und denke daran, daß ich schon oft, vom Schicksal schwer getroffen, Sieger blieb. Doch schlägt mir das Schicksal bald eine zweite Wunde, so fange ich schon an zu wanken, und wenn den beiden ersten eine dritte und vierte folgt, dann muß ich mich zurückziehen in die Festung meiner Vernunft, nicht in wilder Flucht, aber Schritt für Schritt. Wenn dann aber das Schicksal mich hier mit seinem ganzen Heere von Unglück belagert hält und zu meiner Bezwingung alles Elend des menschlichen Lebens, die Erinnerung an alles vergangene und die Angst vor allem künftigen Übel herbeiführt, dann fühle ich mich von allen Seiten geschlagen, und geängstigt von einer solchen Fülle von Übeln, beginne ich zu klagen. Und dann entsteht jene tief schmerzliche Stimmung, die der empfindet, der sich von zahllosen Feinden umzingelt weiß, der keinen Ausweg mehr sieht und keine Hoffnung auf Erbarmen, keine tröstlichen Gedanken mehr hat, dem alles feindlich gesinnt ist, gegen den sich alle Geschütze und alle unterirdischen Minen richten, der schon die Türme wanken, die Sturmleitern an die Festungsmauern angelegt und das Feuer in den Dächern lodern sieht, dem überall blitzende Schwerter und drohende Augen entgegenstarren und der den Freund an seiner Seite zu Boden sinken sieht – soll der nicht sich ängstigen und trauern? Ist ja schon, von solchem Jammer ganz abgesehen, allein der Verlust der Freiheit starken Heldennaturen der größte Schmerz.

Augustinus: Wenn du auch alles in großem Durcheinander geschildert hast, so merke ich doch, daß eine ganz falsche Meinung von dir selbst der Grund allen Übels ist.

Diese falsche Meinung hat schon Unzählige zugrunde gerichtet und wird noch Unzählige zugrunde richten. Du hältst dich für unglücklich?

Franciscus: Für den Allerunglücklichsten!

Augustinus: Und warum?

Franciscus: Aus tausend Gründen!

Augustinus: Dir geht es wie jenen, die bei der geringsten Beleidigung gleich wieder an alle früher erlittenen Unbilden denken.

Franciscus: Keine Wunde ist in mir so vernarbt, daß ich sie ganz vergessen könnte. Alle sind noch frisch und schmerzen mich. Und wenn die Zeit eine hätte heilen können, so hat das Schicksal die klaffende Wunde wieder so hart berührt, daß sie nicht vernarben konnte. Dazu kommt noch mein Haß und meine Verachtung für das Los der Menschen. Dies alles muß mich traurig machen. Du magst es nun Melancholie oder Gram oder sonstwie nennen – das ist mir einerlei. Über die Sache selbst sind wir ja einig.

Augustinus: Deine Krankheit hat tiefe Wurzeln. Da genügt es nicht, sie oberflächlich zu heilen; sie würde bald wiederkehren. Darum müssen wir sie von Grund aus zu beseitigen suchen. Aber wo soll ich anfangen? So viel Elend erschreckt selbst mich. Doch um zum Ziele zu gelangen, wollen wir ein Übel nach dem andern vornehmen. Was ist dir denn am meisten widerwärtig?

Franciscus: Alles, was ich sehe, höre und fühle!

Augustinus: So gefällt dir denn gar nichts?

Franciscus: Nichts oder doch nur sehr wenig.

Augustinus: Würde dir wenigstens das zum Heile Notwendige gefallen! Doch sage mir, bitte: was mißfällt dir ganz besonders?

Franciscus: Ich habe es ja schon gesagt!

Augustinus: Dies alles sind Kennzeichen dessen, was ich Melancholie nannte. Alles an dir ist dir widerwärtig?

Franciscus: Fremdes ebensosehr.

Augustinus: Das alles hat seinen Grund in derselben Ursache. Doch um in bestimmter Ordnung vorzugehen, sage: Ist dir dein Leben wirklich so zum Ekel, wie du sagst?

Franciscus: Höre auf, mich mit deinen Fragen zu quälen! Noch weit mehr ekelt es mich an, als ich es sagen kann.

Augustinus: So verachtest du also das, worum dich andere beneiden?

Franciscus: Wie arm muß der sein, der mich Armen beneiden kann!

Augustinus: Was ist dir also am meisten zum Ekel?

Franciscus: Ich weiß es nicht.

Augustinus: Willst du es mir nennen, wenn ich es der Reihe nach aufzähle?

Franciscus: Sehr gerne.

Augustinus: Du zürnst deinem Geschick?

Franciscus: Soll ich das stolze, grausame, blinde Glück nicht hassen, das mit uns Menschen nach Willkür spielt?

Augustinus: So können alle Menschen klagen! Wir reden aber von deinem eigenen Unglück. Wenn du siehst, daß du zu Unrecht geklagt hast, wirst du dich dann zufrieden geben?

Franciscus: Davon wirst du mich schwerlich überzeugen können. Gelingt es dir aber, so will ich gerne zufrieden sein.

Augustinus: Du glaubst, das Schicksal behandle dich stiefmütterlich?

Franciscus: Nein, höchst hartherzig, höchst ungerecht, höchst grausam!

Augustinus: So klagen in der Komödie unzählige Menschen. Auch du bist einer von den vielen – könnte ich doch sagen, von den wenigen! Doch darüber ist schon so viel gesagt, daß sich nichts Neues mehr darüber sagen läßt. Du leidest an einer alten Krankheit. Willst du nicht ein altes Mittel dagegen nehmen?

Franciscus: Wie du willst.

Augustinus: Nun wohlan! Hast du in deiner Armut schon einmal Hunger, Durst und Kälte leiden müssen?

Franciscus: Nein. So weit verfolgte mich das Unglück nicht.

Augustinus: Und doch leiden darunter unzählige Menschen Tag für Tag.

Franciscus: Gib mir ein anderes Mittel, wenn du kannst. Ein solches hilft mir nichts. Denn ich gehöre nicht zu denen, die sich in ihrem Unglück an fremdem Elend freuen. Bisweilen schmerzt mich anderer Leute Unglück mehr als das eigene.

Augustinus: Ich will nicht, daß es dich freue, sondern daß es dich tröste und daß du, wenn du fremdes Elend siehst, lernst, mit deinem eigenen Schicksal zufrieden zu sein. Nicht alle können an erster Stelle stehen. Denn wie gäbe es einen Ersten, wenn ihm nicht ein Zweiter folgte? Ihr solltet zufrieden sein, wenn euch nicht das schlimmste Unglück trifft, wenn ihr von des Schicksals schlimmen Gaben nur die mittelmäßigen zu ertragen habt. Doch auch dem, der das Äußerste erduldet, kann geholfen werden, wenn auch mit stärkeren Mitteln. Die aber brauchst du nicht, denn nicht so hart hat dich des Schicksals Ungunst getroffen. Das ist es, was euch in solches Elend stürzt: mit dem eigenen Geschicke unzufrieden, strebt ein jeder im Geiste nach dem höchsten Glücke. Das aber können, wie ich schon gesagt, nicht alle Menschen erreichen. Und schlagen nun eure Versuche fehl, so werdet ihr unglücklich. O könnten die Menschen das Elend sehen, das auf den höchsten Stellen lastet, die sie sich erstreben – sie würden sie verwünschen! Das sagen uns alle die, welche die höchsten Gipfel aller irdischen Ehren mit vielen Mühen erreicht haben und nun das allzu schnelle Ende ihrer Wünsche verfluchen. Das wissen alle Menschen, und du vor allem solltest es wissen, den eine lange Erfahrung gelehrt hat, daß das höchste Glück ein Zustand voller Mühen und Sorgen, ja das Elend selber ist. Wo Menschen sind, da sind auch Klagen. Haben die Menschen ihre Wünsche erreicht oder nicht, einen gerechten Grund zu klagen hat ein jeder: der eine nennt sich vom Glück betrogen, der andere vom Glück vergessen. Folge dem Rate Senecas: Wenn du siehst, wie viele dir voran sind, so denke daran, wie viele hinter dir zurückgeblieben. Willst du dankbar werden gegen Gott und gegen dein Geschick, so denke daran, wieviel glücklicher du bist als viele Menschen. Und wie Seneca an derselben Stelle sagt: »Setze dir ein Ziel, das du nicht überschreiten willst, selbst wenn du könntest.«

Franciscus: Schon längst habe ich meinen Wünschen ein Ziel gesetzt, und wenn ich mich nicht täusche, ein recht bescheidenes. Doch die frechen, schamlosen Sitten meiner Zeit nennen Trägheit und Faulheit, was Bescheidenheit ist.

Augustinus: Deine Seelenruhe läßt sich stören durch des Pöbels Stimme, die nie recht urteilt, nie die Dinge bei ihrem rechten Namen nennt? Sonst pflegtest du sie doch, erinnere ich mich recht, zu verachten?

Franciscus: Glaube mir, nie habe ich sie mehr verachtet. Was das Volk über mich urteilt, ist mir so gleichgültig wie das Urteil einer Herde blöden Viehes.

Augustinus: Nun also?

Franciscus: Keiner von allen meinen Zeitgenossen, die ich kenne, hegt bescheidenere Wünsche, und keiner erreicht sie schwerer als ich. Das ist es, worüber ich traure. Daß ich fürwahr nie nach den höchsten Stellen strebte, dessen ist mir die Wahrheit hier Zeuge, die uns Menschen beobachtet, und die alle meine innersten Gedanken kennt. Sie weiß, wie oft ich im Geiste alle menschlichen Stände und Stellungen durchlief und dabei erkannte, daß jene Ruhe und Heiterkeit der Seele, die ich für das größte Glück halte, sich nie dort findet, wo der Mensch den höchsten Gipfel irdischen Glückes erreicht hat. Sie weiß, daß ich ein Leben voll Sorge und verzehrender Unruhe hasse und daß ich nüchternen Geistes den bescheidenen Mittelweg erstrebe, mit dem Herzen, nicht bloß mit dem Munde Horaz zustimmend:

> Auream quisquis mediocritatem
> diligit, tutus caret obsoleti
> sordibus tecti, caret invidenda
> sobrius aula.
> [Wer der Mitte güldenes Maß beherzigt,
> Wohnt in Frieden, ferne dem Schmutz verfallner
> Hütten, wohnt beneideten Hallen fern, ent-
> Haltsamen Sinnes.]

Und nicht weniger gefällt mir seine treffliche Begründung:

> Saepius ventis agitatur ingens
> pinus; et celsae graviore casu
> decidunt turres, feriuntque summos
> fulgura montes.

[Öfters ächzt, vom Winde gepackt, der Föhre
Riesenhaupt, mit schwerem Trümmersturze
Fallen Türme, schmettert der Blitz Gebirges
Steileste Gipfel.)

Aber das ist ja mein Schmerz, daß ich diesen erwünschten Mittelweg nie erreichen konnte!

Augustinus: Doch wie, wenn das, was du für mittelmäßig hältst, dir schon zu hoch gestellt wäre? Wenn du die wahre Mitte längst erreicht? Wenn du sie schon weit überschritten hättest? Wenn du sie längst hinter dir gelassen und weit mehr Grund hättest, beneidet als verachtet zu werden?

Franciscus: Und wenn es so wäre? Ich glaube zwar das Gegenteil.

Augustinus: Es ist kein Zweifel, daß diese deine verkehrte Ansicht die Ursache allen Übels, besonders aber dieser Seelenkrankheit ist. Vor ihr mußt du nach des Tullius Wort wie vor der Charybdis mit allen Rudern und Segeln zu entfliehen suchen.

Franciscus: Wovor soll ich denn fliehen und wohin mich flüchten? Was soll ich denn glauben, wenn nicht das, was ich deutlich sehe?

Augustinus: Du siehst eben das, was du sehen willst. Wende den Blick rückwärts, und du wirst unzählige Menschen sehen, die noch hinter dir sind. Und du wirst sehen, daß du den ersten näher als den letzten stehst. Aber deine Mißstimmung und deine vorgefaßte Meinung erlauben dir nicht, den Blick rückwärts zu richten.

Franciscus: Ich habe manchmal den Blick gewandt und habe die vielen gesehen, die erst nach mir kommen. Und ich schäme mich meines Loses nicht, aber mißmutig machen mich die endlosen Sorgen. Und um ein anderes Wort des Horaz zu gebrauchen:

fluitem dubiae spe pendulus horae.
[damit die ungewisse Zukunft im Genuß
des Gegenwärt'gen mich nicht stören müsse!]

Wenn diese Sorgen ein Ende haben, wenn einmal mein Besitz reichlich zum Leben genügt, dann will ich gleichmütig demselben Horaz die Worte nachsprechen:

quid credis, amice, precari?
Sit mihi quod nunc est, etiam minus, et mihi vivam
quod superest aevi, siquid superesse volunt Dii
[was glaubst du, Freund, daß ich die Götter bitte?
Laß mir nur, was ich hab', und wär's auch minder,
und was ihr etwa noch von Lebenszeit
mir zugedacht, laßt mich mir selber leben!]

Nun aber muß ich immer ruhelos sorgen für die Zukunft und kann mich an den Gaben des Schicksals nicht erfreuen. Immer nur, wie du siehst, muß ich für andere leben – welch trauriges Dasein! Möge mir doch der Himmel wenigstens noch einige Jahre stillen Alters schenken, daß ich nach stürmischem Dasein im ruhigen Hafen sterben kann.

Augustinus: Wo alle Menschen dem ruhelosen Wechsel zwischen Glück und Unglück unterworfen sind, wo alle einer dunkeln Zukunft gegenüberstehen und unter der Willkür des Schicksals leiden, da willst du allein von all den Tausenden ein sorgenloses Dasein erwarten? Denke daran, was du wünschest und forderst! Du ein sterblicher Mensch! Du klagst, nicht dir selbst gelebt zu haben? Daß du also nicht nur arm, sondern auch von andern Menschen abhängig seiest? Ich gebe zu, daß dies ein großes Unglück ist. Aber sieh um dich! Sehr wenige wirst du finden, die sich selbst gelebt haben. Selbst die, die wir für glücklich halten und denen Tausende ihr Leben weihen müssen, beweisen durch ihre unaufhörlichen Sorgen und Mühen, daß auch sie wieder für andere leben. Ich will ein berühmtes Beispiel anführen. Julius Caesar, von dem das stolze, aber wahre Wort stammt: »Die Menschheit lebt für einige wenige«, war es gelungen, die Menschheit dahin zu bringen, daß sie ihm allein lebte. Aber hat nicht auch er für andere gelebt? Du fragst: Für wen? Für seine Mörder, für Brutus, Cimber und die andern treulosen Verschworenen, für deren Gier selbst die Freigebigkeit eines solchen Spenders zu klein war.

Franciscus: Nun hast du mich so überzeugt, daß ich fernerhin weder über meine Armut noch über meine Abhängigkeit klagen will.

Augustinus: Klage über den Mangel an Weisheit. Diese allein kann frei und reich machen. Wer das Fehlen der Ursachen leichten Herzens trägt und sich dann doch über das Fehlen der Wirkungen beklagt, der zeigt, daß er weder die Bedeutung der Ursache noch der Wirkung kennt. Doch sprich; was drückt dich noch ferner, außer dem schon Gesagten? Die Hinfälligkeit des Körpers? Irgendein geheimer Kummer?

Franciscus: Solange ich nur mich selbst betrachte, ist mir die Last des Leibes immer allzu beschwerlich. Wenn ich aber an die Schwerfälligkeit anderer denke, muß ich gestehen, einen willfährigen Sklaven an meinem Körper zu besitzen. Könnte ich das doch auch von meinem Geiste sagen! Aber der ist mein Tyrann.

Augustinus: Würdest du nur ganz unter der Herrschaft der Vernunft stehen! Doch wir sprachen vom Leibe. Was findest du an ihm beklagenswert?

Franciscus: Nur solche Eigenschaften, die allen Menschen gemein sind: daß er sterblich ist, daß er Schmerzen leidet, daß ihn Arbeit ermüdet, daß er mich zum Schlafe zwingt, während mein Geist noch wachen will, und daß er mich so vielen andern Unbequemlichkeiten des täglichen Lebens aussetzt. Es wäre eine ebenso lange als lästige Aufgabe, sie alle aufzuzählen.

Augustinus: Aber ich bitte dich, komme zur Besinnung und denke daran, daß du eben ein Mensch bist! Und hast du sonst noch Widerwärtigkeiten erfahren?

Franciscus: Weißt du nichts von jener Tücke des stiefmütterlichen Schicksals, das an einem Tage und mit einem fürchterlichen Schlage all meine Hoffnungen, all meine Güter, mein Haus und meine ganze Existenz vernichtete?

Augustinus: Ich sehe Tränen in deinen Augen und schweige darum von diesem Unglücksfalle. Ich brauche dich darüber nicht zu belehren. Nur eine Mahnung will ich dir mitgeben: Denke daran, wieviel bürgerliche Häuser und königliche Paläste im Laufe der Jahrhunderte in Trümmer sanken, und lerne daraus, daß du dich nicht allzusehr grämen darfst, wenn mit so vielen stolzen Königsschlössern auch deine arme Hütte in Flammen aufging. Erwäge das, was ich hier nur kurz gesagt, gründlich in deinem Herzen. Und nun fahre fort.

Franciscus: Wer vermag meinen Ekel und Überdruß am Leben mit Worten zu schildern? Ach, diese häßlichste, unruhigste Stadt der Welt, worin aller Auswurf und Schmutz der Erde aufgehäuft ist! Keine Worte kommen dem Abscheu gleich, den ich vor ihr empfinde. Diese übelriechenden Straßen voll kläffender Hunde und garstiger Schweine, dies Rädergerassel auf allen Straßenpflastern, Pferdegespanne, die den Durchgang versperren, widerliche Menschen aller Art, das häßliche Bild von Bettlern neben übermütigen Reichen, von jammervollem Elend neben toller Freude, überall Zank und Streit, Lug und Trug, dies Durcheinander von schreienden Stimmen, dies Gewühl des sich drängenden und stoßenden Pöbels! Solche Dinge reiben den Geist auf, der an ein besseres Leben gewöhnt ist, rauben ihm alle Ruhe und stören ihn im Studium der edlen Wissenschaften. Möge mich Gott mit heilem Nachen aus diesem Schiffbruch retten! Manchmal glaube ich mich lebendigen Leibes in der Hölle begraben. Und da soll man noch großen Dingen und edlen Gedanken sich hingeben!

> I nunc et versus tecum componere canoros.
> [Nun geh mir einer, unter allem diesem Gedräng'
> und moduliere Verse bei sich selbst!]

Augustinus: Dieser Vers des Flaccus zeigt mir, worüber du am meisten trauerst. Es ist dir schmerzlich, an einem Orte wohnen zu müssen, der dich in deiner Arbeit stört. Denn, wie Horaz an einer andern Stelle sagt:

> sciptorum chorus omnis amat nemus et fugit urbes.
> [Der Dichter-Chor war je und allezeit
> den stillen Hainen hold und floh die Städte.]

Oder wie du selbst einmal in einem Brief den Gedanken ausgedrückt hast:

> silva placet Musis, urbs est inimica poetis.
> [Den Musen gefällt der Wald; verhaßt sind dem Dichter die Städte.]

Aber glaube mir, wenn nur einmal dein Inneres zur Ruhe käme, so würde der Lärm der Umgebung wohl deine körperlichen Sinne treffen, deinen Geist aber unberührt und unbewegt lassen. Ich sage dir damit nichts Neues. Du hast ja einen wertvollen Brief Senecas über diese Sache, hast sein Buch »Von der Seelenruhe« gelesen und kennst auch jenes treffliche Buch, das Cicero über diese Seelenkrankheit geschrieben und dem Brutus gewidmet hat.

Franciscus: Du weißt, mit welchem Eifer ich dies alles gelesen habe.

Augustinus: Und genützt hat es dir nichts?

Franciscus: Solange ich es las, sehr viel; aber kaum legte ich das Buch aus den Händen, so war auch alles wieder vergessen.

Augustinus: So pflegen die meisten zu lesen! Und daher kommt auch die fluchwürdige Ungeheuerlichkeit, daß eine schändliche Herde von Gelehrten umherläuft, die in den Schulen viel über die Kunst zu leben schwatzen, ohne davon etwas in das Leben umzusetzen. Du würdest größeren Nutzen aus der Lektüre ziehen, wenn du dir die betreffenden Stellen mit bestimmten Merkzeichen versehen wolltest.

Franciscus: Was meinst du damit?

Augustinus: Wenn du beim Lesen auf wertvolle Gedanken stößt, durch die du dich angeregt oder beruhigt fühlst, so vertraue nicht einfach auf dein Verständnis, sondern präge diese Gedanken tief deinem Gedächtnis ein und mache sie dir durch langes Nachdenken vertraut. Du mußt es machen wie kluge und erfahrene Ärzte: wann und wo immer eine Krankheit dich befällt, die keinen Verzug duldet, mußt du im Geiste gleich das richtige Heilmittel bereithalten. Denn wie der menschliche Körper, so kennt auch die Seele gewisse Krankheiten, bei denen jeder Verzug Todesgefahr bedeutet, wo eine Verzögerung des Heilmittels jede Hoffnung auf Genesung ausschließt. So gibt es ja zum Beispiel solch gefährliche Leidenschaften, die Leib und Seele und den ganzen Menschen zugrunde richten, wenn die Vernunft sie nicht rechtzeitig in ihren ersten Anfängen zu zügeln versteht. Denn jedes andere Mittel, das zu spät kommt, ist hier völlig nutzlos. Unter diesen Leidenschaften nimmt der Zorn die erste Stelle ein. Nicht mit Unrecht weisen ihm die Gelehrten, die die Seele in drei Teile gliedern, einen Platz unterhalb der Vernunft an. Sie verlegen die Vernunft in das Haupt, wie in eine feste Burg, den Zorn in die Brust und die sinnlichen Begierden in den Unterleib und wollen damit andeuten, daß die Vernunft als Herr gegenwärtig sein müsse, um die stürmischen Regungen der ihr untergeordneten Leidenschaften zu bändigen und ihnen vom hohen Herrscherthrone aus gleichsam zum Rückzug zu blasen. Dem Zorn aber, der es am meisten nötig hat, ist die zügelnde Vernunft zunächst gelegen.

Franciscus: Diesen Gedanken habe ich nicht nur aus den gelehrten Büchern der Philosophen, sondern auch aus dichterischen Werken kennengelernt. So habe ich oft bei mir gedacht, daß man an der bekannten Stelle bei Vergil unter den wütenden Winden, die in verborgenen Höhlen unter hohen Bergen gefesselt sind, während auf stolzer Burg ihr Herrscher Aeolus thront, den Zorn und die leidenschaftlichen Regungen des Gemütes verstehen könne, die tief drinnen im Herzen toben und die, wenn sie nicht mit dem Zügel der Vernunft im Banne gehalten würden,

... maria ac terras caelumque profundum
quippe ferant rapidi secum verrantque per auras.
[... Erde und Meer und den weiten Himmel in stürmischem Fluge
Mit sich führten und in den tosenden Lüften zerrissen.]

Unter der Erde verstehe ich die irdische Hülle des Körpers, unter dem Meer seine belebenden Säfte, unter dem weiten Himmel die im Innern wohnende Seele, die, wie der Dichter an einer andern Stelle sagt: »Feuerskraft hat und einen himmlischen Ursprung«. Damit will er sagen, daß die Leidenschaften Leib und Seele, kurz den ganzen Menschen, den sie beherrschen, ins Verderben stürzen. Unter dem Berge und dem darauf thronenden König aber läßt sich das hohe Haupt und die darin wohnende Vernunft verstehen. Denn wie der Dichter sagt:

> ... Hic vasto rex Aeolus antro
> luctantis ventos tempestatesque sonoras
> imperio premit ac vinclis et carcere frenat.
> Illi indignantes magno cum murmure montis
> circum claustra fremunt; summa sedet Aeolus arce
> sceptra tenens.
> [... dort in düsterer Höhle beschlossen,
> Bändigt des Aeolus Kraft den Wettersturm und der Windsbraut
> Wütenden Lärm und hält sie fest in Kerker und Banden.
> Die gehn um mit Murrn und Dräun tief drinnen im hohlen
> Felsenverließ; doch Aeolus thront auf ragender Klippe,
> Das Szepter in Händen.]

So der Dichter. Und wenn ich jedes einzelne Wort vor mich hersage, so höre ich dabei das Schäumen, das Tosen und Heulen, das Pochen und Dröhnen der Stürme – und ich denke dabei an den Zorn. Ich sehe den König auf hohem Throne, wie er das Szepter hält und mit Gewalt in Ketten und Kerker die Stürme bändigt – und ich zweifle nicht, daß damit die herrschende Vernunft gemeint ist. Und ein Beweis dafür, daß dies auf die Seele und den die Seele zerrüttenden Zorn bezogen werden darf, ist mir die folgende Stelle:

mollitque animos et temperat iras.
[Er besänftigt die Geister und dämpft ihren Zorn.]

Augustinus: Sehr lobenswert ist es, daß du verstehst, eine solche Fülle verborgener Gedanken aus dieser Dichtung herauszulesen. Fraglich ist freilich, ob Vergil mit diesen Versen solche Gedanken ausdrücken wollte oder ob ihm dieses nicht ganz ferne lag. Er wollte wohl nur einen Meeressturm schildern mit diesen Worten, die du nun sehr sinnig und eigenartig auf Stürme des Zornes und die Herrschaft der Vernunft beziehst. Doch um wieder darauf zurückzukommen, wovon ich ausging: Halte gegen die Regungen des Zornes und anderer Leidenschaften, besonders jener traurigen Seelenkrankheit, von der wir sprachen, immer nützliche Gedanken und Worte bereit, die dir bei aufmerksamer Lektüre aufstießen. Solche Sätze mußt du dir, wie ich schon vorhin sagte, mit bestimmten Zeichen versehen, damit du sie leichter in das Gedächtnis zurückrufen kannst, wenn sie dir daraus entschwinden wollen. Unter der Herrschaft solcher Gedanken wirst du gegenüber allen Übeln unangreifbar bleiben, auch gegenüber jener Traurigkeit der Seele, die sich wie ein todbringender Schatten auf alle Tätigkeit und jede geistige Arbeit legt. Sie ist schließlich, wie Cicero sagt, Quelle und Anfang allen Elends. Es gibt ja freilich keinen Menschen, der nicht immer Grund genug zur Trauer hätte, und die Erinnerung an dein Sündenleben darf auch dich mit Recht traurig und besorgt machen, denn eine solche Traurigkeit ist heilsam, solange sie nicht der Verzweiflung unterliegt. Wenn du aber dich selbst und andere Menschen erforschst, so wirst du finden, daß der Himmel dir vieles verliehen hat, was dir neben deinem Klagen und Seufzen auch Grund zu Trost und Freude bieten kann. Du klagst darüber, nicht für dich selbst leben zu dürfen, und jammerst über den Lärm der Stadt und den vielen Ärger – so haben vor dir schon alle großen Männer geklagt. Und auch der Gedanke sollte dich trösten, daß du ja bei einigem guten Willen die Stadt wieder verlassen kannst, wohin du dich freiwillig begeben. Auch kann die lange Gewohnheit dein Ohr so erziehen, daß es den Lärm des Pöbels wie das Tosen eines Wasserfalles mit Behagen hören kann. Und das wird dir sehr leicht fallen, wenn sich nur, wie ich schon gesagt habe, deine seelische Unruhe gelegt hat. Ein heiteres und ruhiges Gemüt bleibt unberührt, wenn fremde Wolken darüber hinwegziehen und ein ferner Donner es umdröhnt. So wirst du dann einmal am sichern, trockenen Ufer stehen und anderer Menschen Schiffbruch betrachten und das jammervolle Klagen der Ertrinkenden ruhigen Herzens hören. Und neben dem Mitleid, das dieses traurige Schauspiel in dir erregen mag, wirst du eine tiefe Freude empfinden über dein festbegründetes, sicheres Glück, das du aus so vielen Gefahren dir errettet hast. Unerschütterlich ist meine Hoffnung, daß du bald allem Übel und auch dieser traurigen Gemütsstimmung entrinnen wirst.

Franciscus: Manches von deinen Ausführungen berührt mich zwar sonderbar, besonders daß du meinst, es liege nur an meinem Willen, das Leben in der Stadt aufzugeben. Doch da du mich in vielen Punkten überzeugt hast, so will ich auch hier die Waffen niederlegen, ehe ich völlig geschlagen werde.

Augustinus: So kannst du nun also alle üble Laune von dir werfen und mit deinem Schicksal dich versöhnen!

Franciscus: Das könnte ich, wenn ich nur wüßte, ob es denn wirklich ein Schicksal gibt? Du weißt, daß hierüber zwischen dem griechischen und dem römischen Dichterfürsten ein großer Widerspruch besteht: der eine erwähnt das Schicksal nirgends in seinen Werken, als glaube er gar nicht an dessen Dasein, der andere spricht sehr oft davon, und an einer Stelle nennt er es gar allmächtig. Und dieser letzteren Ansicht huldigen auch der große Geschichtschreiber Sallust und der hervorragende Redner Cicero. Denn Sallust sagt, daß das Schicksal alle Dinge beherrsche, und Cicero scheut sich nicht, es die Herrin aller irdischen Dinge zu nennen. Meine Ansicht hierüber wird an anderem Orte und zu anderer Zeit auszuführen sein. Nun wieder zur Sache: Deine Ermahnungen waren mir von solchem Nutzen, daß mir nun mein Zustand, wenn ich ihn mit dem der meisten Menschen vergleiche, nicht mehr so traurig vorkommt wie zuvor.

Augustinus: Es freut mich, dir genützt zu haben, und ich wünsche, dir noch weit mehr nützen zu können. Doch zu lange schon hat sich unser heutiges Gespräch hingezogen. Erlaubst du, daß wir den Rest auf einen dritten Tag verschieben und dann ein Ende machen?

Franciscus: Gewiß, denn ich liebe gerade die Dreizahl aus ganzem Herzen, nicht nur der drei Grazien wegen, sondern weil ja diese Zahl auch der Gottheit die liebste ist. Das ist nicht nur deine Ansicht und die anderer Bekenner der wahren Religion, die alle im Glauben an die Dreifaltigkeit leben – davon waren auch die heidnischen Philosophen überzeugt, bei deren religiösen Weihungen und Segnungen die Dreizahl eine große Rolle gespielt haben soll. Das scheint auch unser Vergil gewußt zu haben, da er sagt:

numero Deus impare gaudet.
[Ungerade Zahlen liebt die Gottheit.]

Und daß er damit die Dreizahl meinte, zeigt die kurz vorhergehende Stelle. – So erwarte ich nun also aus deiner Hand den dritten Teil dieses dreigeteilten Geschenkes.

DAS DRITTE BUCH

Augustinus: Wenn dir die vergangenen Gespräche etwas genützt haben, bitte und beschwöre ich dich nun, auch ferner willfährig und gelehrig zu sein und jede Lust an Streit und Widerspruch von dir fernzuhalten.

Franciscus: Das will ich gerne tun. Denn durch deine Ausführungen fühle ich mich von einem großen Teile meiner Sorgen befreit und werde darum um so williger deine ferneren Ermahnungen entgegennehmen.

Augustinus: Noch habe ich die tiefsten, schwer zu heilenden Wunden deiner Seele nicht berührt, und ich fürchte mich fast, sie zu berühren, wenn ich daran denke, wieviel Streiten und Klagen du schon bei den viel kleineren Wunden erhoben hast. Doch ich will lieber hoffen, daß dein Geist nun neue Kräfte gesammelt hat und stark genug geworden ist, die kommenden Schmerzen gleichmütig zu ertragen.

Franciscus: Fürchte nichts. Ich habe mich ja nun daran gewöhnt, meine Krankheiten bei ihrem wahren Namen nennen zu hören und die heilende Hand des Arztes zu ertragen.

Augustinus: Mit zwei stählernen Ketten bist du noch gefesselt. Sie drücken dich von beiden Seiten und lassen dich weder über den Tod noch über das Leben einen ernsten Gedanken fassen. Immer fürchtete ich, sie möchten dich ins Verderben reißen, und ich bin nicht ruhig und werde nicht ruhen, ehe ich dich befreit und die Ketten zerbrochen und weggeworfen sehe. Ist dies auch sehr schwer, so ist es doch nicht unmöglich. Vergebens würde ich ja Unmögliches zu erreichen suchen. Wie es aber ein Mittel gibt, den Stahl durch Bocksblut zu brechen, so gibt es auch eines, das solche harten Ketten zu zerbrechen vermag, ein wunderbar wirkendes Mittel, das das rauhe Herz berührt, durchdringt und es umstimmt. Und doch fürchte ich für den Erfolg. Denn in dieser Sache bedarf es auch deiner Zustimmung, und ich fürchte gar sehr, du könntest sie verweigern und dich von dem augenschmeichelnden Glanz der Ketten blenden lassen, und es könnte dir wie dem Geizigen gehen, der mit goldenen Ketten im Kerker schmachtet: er will frei sein, aber die Ketten nicht verlieren. Dir aber ist es bestimmt, nicht eher frei zu sein, als bis du die Ketten von dir geworfen hast.

Franciscus: Weh mir! So bin ich also noch ärmer, als ich geglaubt habe. Meine Seele ist gefesselt durch Ketten, die ich nicht einmal kenne.

Augustinus: Wohl kennst du sie! Aber entzückt von ihrer Schönheit, hältst du sie nicht für Ketten, sondern für reiche Schätze. Es geht dir – um das Bild noch einmal zu gebrauchen – wie dem, der, an Händen und Füßen mit goldenen Fesseln gebunden, voll Freude das Gold betrachtet und die Fesseln nicht sieht. So siehst auch du jetzt mit befangenen Augen, was dich fesselt; aber in deiner Blindheit freust du dich der Ketten, die dich ins Verderben ziehen, und was das allerschlimmste Übel ist, du rühmst dich ihrer.

Franciscus: Was sind die Ketten, von denen du sprichst?

Augustinus: Liebe und Ruhm.

Franciscus: Bei Gott, was höre ich! Das nennst du Ketten? Und willst sie mir entreißen, wenn ich es duldete?

Augustinus: Das will ich. Doch ich bange um den Ausgang. Alle andern Ketten, die dich hielten, waren leichter zu zerbrechen und dir weniger wert. Darum danktest du mir, als ich sie zerbrach. Aber diese Ketten gefallen dir, obwohl sie schaden, und trügen dich durch äußere Schönheit. Darum steht mir hier mehr Arbeit bevor. Du sträubst dich ja, als wollte man dir die höchsten Güter rauben. Doch beginnen wir.

Franciscus: Wie habe ich das um dich verdient, daß du mir meine schönsten Freuden rauben und den sonnigsten, heitersten Teil meiner Seele zu ewiger Finsternis verdammen willst?

Augustinus: Du Unglücklicher! So hast du das Wort des Philosophen vergessen, daß dann der Gipfel des Elends erreicht sei, wenn eine irrige Meinung allmählich die unheilvolle Überzeugung entstehen lasse, daß das Elend eben sein müsse?

Franciscus: Ich habe es durchaus nicht vergessen, aber diese Wahrheit hat mit unserer Sache gar nichts zu tun. Warum sollte ich denn nicht der Meinung sein, daß es so sein muß? Im Gegenteil, nie hatte ich eine richtigere Überzeugung, und nie werde ich eine richtigere haben als die, daß es die edelsten Leidenschaften der Seele sind, die du mir vorwirfst.

Augustinus: Sprechen wir zunächst nur von einer, sonst muß ich, wenn ich die Gegenmittel suche, bald hierhin, bald dorthin mich wenden, und die Wucht meines Angriffes wird geschwächt. Sag also, da wir zuerst die Liebe genannt, hältst du sie nicht für die schlimmste aller Torheiten?

Franciscus: Um der Wahrheit ganz gerecht zu werden, möchte ich sagen, daß die Liebe entsprechend ihrem Gegenstand bald die abscheulichste Leidenschaft der Seele, bald ihre schönste Tat genannt werden kann.

Augustinus: Führe ein Beispiel an, wenn ich dich verstehen soll.

Franciscus: Wenn ich in Liebe gegen ein schamloses, niedriges Weib erglühe, so ist das eine wahnsinnige Torheit. Wenn aber ein Abbild seltener Tugenden mich begeistert, wenn ich bestrebt bin, dieses aus ganzem Herzen zu lieben und zu verehren – was hältst du davon? Findest du keinen Unterschied in so verschiedenen Dingen? Ist dies so schamlos wie das andere? Ich will von mir selbst sprechen: So wie ich diese erste Art von Liebe für ein tiefes, unseliges Verderben der Seele halte, so gestehe ich doch auch, daß ich kein größeres Glück kenne als die zweite. Du bist hierin vielleicht anderer Ansicht? Gut, so folge jeder seiner Meinung. Unendlich verschieden sind ja, wie du weißt, die Ansichten und frei die Urteile der Menschen.

Augustinus: Eine verschiedene Meinung ist wohl erlaubt bei entgegengesetzten Dingen. Die Wahrheit aber ist immer eine und dieselbe.

Franciscus: Gewiß, so ist es. Aber das ist es ja, was uns Menschen zu entzweien pflegt: hartnäckig hängen wir an unsern eingewurzelten Ansichten und wollen uns nicht überzeugen lassen.

Augustinus: Daß du doch ebenso vernünftig über die Liebe dächtest wie über diesen Punkt!

Franciscus: Was willst du? Ich glaube so vernünftig über die Liebe zu denken, daß ich mich nicht scheue, jeden Andersdenkenden für irrsinnig zu halten.

Augustinus: Der größte Wahnsinn ist es, eine eingefleischte Lüge für Wahrheit und eine neu erkannte Wahrheit für Lüge zu halten. Als ob die Wahrheit der Dinge mit ihrem Alter bewiesen wäre!

Franciscus: Du mühst dich vergebens. Ich werde dir nie glauben und lieber an das Wort Ciceros denken: »Irre ich hierin, so irre ich gern und will mir diesen Irrtum nicht nehmen lassen, solange ich lebe.«

Augustinus: Das sagt er von der Unsterblichkeit der Seele, dem schönsten aller Gedanken, und will mit diesen Worten sagen, daß er keinen Zweifel daran kenne, daß er gar keine Gegengründe hören wolle. Du aber mißbrauchst diese Worte zu einer verdammenswerten und völlig falschen Ansicht. Denn fürwahr, wenn auch die Seele sterblich wäre, so wäre es doch besser, an ihre Unsterblichkeit zu glauben. Es wäre das ein heilsamer Irrtum, da er uns Liebe zur Tüchtigkeit einflößt. Wir sollen freilich die Tüchtigkeit an sich, ohne Hoffnung auf Lohn, erstreben; aber dieses Streben würde doch zweifellos erlahmen beim Gedanken an die Sterblichkeit der Seele. Umgekehrt würde die Verheißung eines künftigen Lebens, sollte sie auch trügerisch sein, doch die Seelen der Menschen zum Guten anspornen. – Dein Irrtum aber, was kann er dir für Nutzen bringen? Er wird dich zu allen Torheiten verführen, sobald einmal Scham und Furcht und die alle Leidenschaften zügelnde Vernunft zugleich mit der Erkenntnis der Wahrheit dir geschwunden sind.

Franciscus: Ich sagte dir schon, du mühst dich vergebens. Ich weiß, daß ich stets nur das Schönste geliebt habe.

Augustinus: Auch das Schönste kann auf schändliche Weise geliebt werden!

Franciscus: Ich habe mich weder im Gegenstand noch in der Art der Liebe verfehlt. Hör auf, mich zu quälen.

Augustinus: Wie? Du willst wie ein Wahnsinniger unter Scherzen und Lachen sterben? Willst du nicht lieber für deine jammervoll kranke Seele ein Heilmittel anwenden?

Franciscus: Ich werde ein Heilmittel so lange zurückweisen, bis du mir beweist, daß ich seiner bedarf. Einem gesunden Menschen können häufige Mittel schädlich werden.

Augustinus: Einmal auf dem Wege zur Besserung, wirst du, wie so viele andere, eingestehen, daß du ernstlich krank warst.

Franciscus: Schließlich kann ich auch den nicht verachten, dessen weisen Rat ich so oft und besonders in diesen letzten Tagen erfahren habe. Fahre also fort!

Augustinus: Fürs erste bitte ich dich um Verzeihung, wenn mich der Gegenstand zwingen sollte, gegen deine Freuden vielleicht allzu harte Worte zu gebrauchen. Schon sehe ich voraus, wie verletzend die Wahrheit deinem Ohre klingen wird.

Franciscus: Ehe du beginnst, höre: weißt du, wovon du zu reden hast?

Augustinus: Sorgfältig habe ich alles bedacht. Von einem sterblichen Weibe wird unsere Rede sein, das zu bewundern und zu verehren du leider einen großen Teil deines Lebens verschwendest hast. Bei einem solchen Geiste, wie du, staune ich über eine so große und so lang andauernde Tollheit

Franciscus: Spare dein Schelten! Auch Thais und Livia waren sterbliche Weiber. Und weißt du auch, daß du von einem Weibe sprichst, dessen Herz irdische Sorgen nicht kennt, das ganz in himmlischer Sehnsucht erglüht? In deren Angesicht, wenn überhaupt irgendwo, ein Widerschein göttlicher Schönheit erstrahlt? Deren Sitten ein Muster vollendeter Ehrbarkeit sind? In deren Stimme und Blick nichts Irdisches liegt und deren ganze Erscheinung ein übermenschliches Wesen verkündet? Denke wohl daran, ich bitte dich. Dann wirst du einsehen, daß hier andere Worte am Platze sind.

Augustinus: Wahnsinniger! So nährst du nun schon ins sechzehnte Jahr die Flammen deines Geistes mit trügerischen Bildern. Fürwahr, kaum solange lastete einst auf Italien die Macht Hannibals, seines berüchtigtesten Feindes; weniger zahlreich waren die Schlachten, die das arme Land ertrug, weniger wütend die verheerenden Flammen, die es heimsuchten, als die Gluten und Stürme der Leidenschaften, die in dieser Zeit in deiner Seele tobten. Damals fand sich einer, der den Feind zum Rückzug zwang. Doch wer vermag dich von deinem Hannibal zu befreien, wenn du selbst ihm verbietest, von dir zu gehen, und ihn wie ein unterwürfiger Sklave bittest, bei dir zu bleiben? Du erfreust dich an deinem eigenen Elend. – Wenn aber einst ein letzter Tag jene Augen schließt, die dich verblenden, wenn sie, vom Tode entstellt, mit bleichen Gliedern vor dir liegt, dann wirst du dich schämen, deine unsterbliche Seele an einen so schwachen, hinfälligen Leib gehängt zu haben, und mit Schamröte wirst du dich dessen erinnern, worauf du jetzt so stolz bist.

Franciscus: Das verhüte Gott! Ich werde dies nie erleben.

Augustinus: Und wenn es das unabänderliche Schicksal also will?

Franciscus: So feind sind mir die Sterne nicht, daß sie die Ordnung der Natur durchbrächen. Früher als sie trat ich ins Leben ein, früher werde ich es verlassen.

Augustinus: Erinnerst du dich der Zeit, da du anders

dachtest und im Gedanken an ihren nahen Tod ihr ein Grablied sangest, das dir die Trauer eingab?

Franciscus: Wohl denke ich jener Zeit der Trauer, und ich erzittere bei dem Gedanken. Ich ertrug es nicht, der schönsten Zierde meines Lebens beraubt, jenes Weib überleben zu müssen, deren Gegenwart allein mir schon das Leben versüßte. Mit einer Flut von Tränen beweinte ich in jenem Liede ihren Verlust. Weiß ich auch nicht mehr den Wortlaut, so habe ich doch den Sinn des Liedes im Gedächtnis.

Augustinus: Nicht darauf kommt es an, wieviel Tränen und welchen Kummer dir schon der Gedanke an ihren Tod verursacht; sondern daß du einsiehst, daß jenes Unheil, das dich so erschüttert, wirklich eintreten kann, und das um so eher, als jeder Tag sie dem Tode näher bringt und ihr herrlicher Leib unter Krankheiten und häufigen Geburten gelitten und viel von seiner früheren Kraft verloren hat.

Franciscus: Auch auf mir lasten schwere Sorgen, und auch ich bin älter geworden. So bin ich ihr auf dem Wege zum Tode noch immer voran.

Augustinus: Welcher Wahnsinn ist es, von der Reihenfolge der Geburt auf die des Todes schließen zu wollen! Wie viele einsame greise Eltern trauern über den allzu frühen Tod blühender Söhne, wie viele betagte Mütter klagen über das früh geraubte Leben lieber Kinder –

> quos dulcis vitae exsortis et ab ubere raptos
> abstulit atra dies et funere mersit acerbo?
> [die von der Mütter Brust der Tod, der bittere, wegnahm
> und aus lebendigem Tag in die finstere Grube hinabstieß.]

Du aber wiegst dich der wenigen Jahre wegen, die du älter bist, in der trügerischen Hoffnung, früher zu sterben als das leidenschaftlich geliebte Weib, und bildest dir ein, unwandelbar gehe die Natur den gewünschten Weg.

Franciscus: Nicht so unwandelbar, daß nicht das Gegenteil eintreten könnte. Das weiß ich wohl, aber beständig bete ich, daß Gott dies verhüte. Und wenn ich an ihren Tod denke, so kommt mir das Wort Ovids in den Sinn:

> Tarda sit illa dies et nostro serior aevo
> [Lange säume der Tag und komme erst, da ich gestorben!]

Augustinus: Nicht länger vermag ich solche Torheiten anzuhören. Du weißt sehr wohl, daß jene vor dir sterben kann. Was wirst du sagen, wenn dies wirklich eintritt?

Franciscus: Was anders, als daß dies Unglück mich zum Ärmsten aller Menschen macht, daß mir aber die Erinnerung an vergangene Freuden Trost spende? – Doch mögen die Winde verwehen, was ich gesprochen, und Stürme die schlimme Ahnung zerstreuen!

Augustinus: Mit Blindheit geschlagen, siehst du nicht ein, wie töricht es ist, den Geist an irdische Dinge zu hängen, die ihn mit Flammen der Begierde entzünden, ihm keine Ruhe lassen und doch nicht beständig sind, die mit immer neuen Aufregungen den quälen, dem sie Besänftigung versprochen.

Franciscus: Greife zu stärkeren Waffen, wenn du kannst; mit solchen Worten schreckst du mich nicht. Ich habe ja nicht, wie du glaubst, meine Seele an ein irdisches Ding gehängt; auch weißt du wohl, daß ich weniger den Leib als die Seele geliebt habe und mich an ihren reinen Sitten erbaute, die alles Menschliche übertreffen und mich daran gemahnen, wie man im Himmel lebt. Und wenn – es auch nur zu hören quält mich – ein früherer Tod der Geliebten mich einsam zurücklassen sollte, so würde ich mich in meinem Elend trösten mit dem weisen Laelius: »Ihre Tugend habe ich geliebt, und die ist nicht gestorben.« Dies und anderes würde ich mir sagen, womit sich jener tröstete, da ihm die starb, die er so unendlich liebte.

Augustinus: Du verschanzt dich im Irrtum wie in einer uneinnehmbaren Burg. Keine geringe Mühe wird es mich kosten, dich daraus zu vertreiben. Doch da ich dich so von der Liebe begeistert sehe, daß du ein scharfes Wort viel leichter erträgst, wenn es gegen dich als wenn es gegen jene gerichtet ist, so magst du das geliebte Weibchen mit Lob überhäufen, soviel du willst. Ich bestreite nichts: sei sie dir nun Königin, Heilige Göttin –

dea certe
an Phoebi soror, an Nympharum sanguinis una
(Phoebus Schwester vielleicht oder vom Blute der Nymphen).

Und doch, ihr höchster Tugendglanz entschuldigt deinen Fehler nicht.

Franciscus: Ich bin begierig, welch neuen Widerspruch du nun erhebst.

Augustinus: Es ist kein Zweifel, daß selbst das Schönste auf schändliche Weise geliebt werden kann.

Franciscus: Darauf habe ich schon geantwortet. Könntest du das Angesicht der in mir herrschenden Liebe sehen, du fändest, daß es dem Angesicht der viel und doch zu wenig gelobten Freundin gleicht. Dafür ist mir die Wahrheit, vor der wir reden, Zeuge: in meiner Liebe war nie etwas Schändliches, nie etwas Unreines, nichts Tadelnswertes als ihr Übermaß. Hätte ich in meiner Liebe Maß gehalten, es ließe sich nichts Schöneres erdenken.

Augustinus: Ich kann dir mit einem Worte Ciceros antworten: »Du willst Maß halten im Laster.«

Franciscus: Im Laster nicht, in der Liebe.

Augustinus: Aber Cicero spricht dort gerade von der Liebe. Du kennst die Stelle.

Franciscus: Gewiß, ich las sie in den ›Tuskulanen‹. Aber Cicero meint damit die gewöhnliche Liebe der Menschen. Um meine Liebe aber ist es etwas ganz Besonderes.

Augustinus: Andern Menschen mag das vielleicht ebenso scheinen; so wie in allen Dingen, so ist besonders in dieser Eigenschaft jedermann sein mildester Richter. Nicht mit Unrecht lobt man das bekannte, wenn auch nicht geschmackvolle Wort des plebejischen Dichters:

> Suam cuique sponsam, mihi meam; suum cuique
> amorem, mihi meum.
> [Jeder lobt seine Braut, ich mir die meine –
> Jeder lobt seine Liebe, ich mir die meine.]

Franciscus: Wenn du willst und wenn es die Zeit erlaubt, so will ich dir aus vielem nur einiges wenige erzählen, worüber du staunen und dich wundern wirst.

Augustinus: Glaubst du, ich wisse nicht:

> qui amant, ipsi sibi somnia fingunt?
> [Daß in holden Träumen die Liebenden schwelgen?]

In allen Schulen ist dies Lied bekannt. Aber ich bedaure, solche Torheiten aus dem Munde dessen hören zu müssen, dem es ziemte, tiefer zu denken und zu reden.

Franciscus: Nur dies will ich dir sagen – du magst es nun Dankbarkeit oder Torheit nennen: Das wenige, was ich bin, bin ich durch sie. Nie wäre ich zu diesem Namen und zu diesem Ruhm – wenn ich davon reden darf – gekommen, wenn nicht die edle Liebe die arme Saat von Tugenden, die die Natur mir in das Herz gepflanzt, gepflegt und gefördert hätte. Sie hat mein jugendliches Herz mit starken Händen von aller Sünde ferngehalten und mir den Sinn nach höheren Gedanken gerichtet. So formt uns die Liebe nach der Geliebten Sitten! – Und nie gab es einen so bissigen Spötter, der es gewagt hätte, an ihren guten Ruf zu tasten und zu sagen, daß er Tadelnswertes an ihren Gebärden und Worten, geschweige denn an ihrem Tun gefunden habe. Und Leute, die nichts unbemäkelt lassen, gingen von ihr voll Bewunderung und Verehrung. Ist es da ein Wunder, wenn ihr gefeierter Ruf auch in mir die Sehnsucht nach höherem Ruhme geweckt und mir die harten Mühen, womit allein ich meinen Wunsch erreichen konnte, versüßt hat? Denn da ich ein Jüngling war, war mein einziger Wunsch, ihr allein zu gefallen, die allein mir gefiel. Um dies zu erreichen, habe ich zahllose lockende Vergnügungen verachtet und in frühen Tagen ernster Arbeit mich hingegeben. Das weißt du – und doch befiehlst du, ich solle die vergessen und nicht mehr lieben, die mich von der Gemeinschaft des Pöbels getrennt hat, die mir Führerin war auf allen Wegen, die meine träge Seele aufgerüttelt und den schlummernden Geist in mir erweckt hat?

Augustinus: Unseliger, besser wäre es für dich gewesen, du hättest geschwiegen! Zwar sah ich dein Inneres, auch wenn du schwiegst; so aber hat deine Starrköpfigkeit Ärger und Zorn in mir erregt.

Franciscus: Warum?

Augustinus: Eine irrige Ansicht zu haben mag Sache der Unwissenheit sein; aber hartnäckig auf seinem Irrtum beharrt nur, wer ebenso stolz wie unwissend ist.

Franciscus: Was habe ich denn Unrechtes gedacht oder gesagt?

Augustinus: Unrecht war alles, was du sagtest. Vor allem wenn du behauptetest, alles, was du bist, durch sie zu sein. Verstehst du das so, daß sie dir dein ganzes Sein gegeben hat, so sprichst du offenkundig die Unwahrheit. Willst du aber damit sagen, sie trage die Schuld, daß du nicht mehr seist, als du bist, so sprichst du die Wahrheit. Welchem Unheil hättest du entrinnen können, wenn dich nicht die Reize ihrer körperlichen Schönheit gefesselt hätten! Was du bist, hat dir die Güte der Natur gegeben; was du hättest sein können, hat die Geliebte vereitelt – oder besser, du selbst; denn sie ist unschuldig. Ihre Schönheit aber schien dir so verlockend und süß, daß sie in dir alle Saat, die aus den eingepflanzten Tugendkeimen hätte erstehen können, durch die Sommerglut heißer Sehnsucht und die Sturmfluten ewiger Tränen zerstörte. Mit Unrecht rühmst du, sie habe dich von allem schändlichen Tun abgehalten. Von vielem hat sie dich vielleicht abgehalten, dafür hat sie dich aber in noch größere Trübsale gestürzt. Wenn dich einer ermahnt, schlimme Wege zu verlassen, und dich dabei selbst in den tiefsten Abgrund führt, wenn einer dich von leichten Schrammen heilt und dir zugleich die Todeswunde schlägt, willst du dann sagen, er habe dich befreit und nicht getötet? Auch sie, die du als deine Führerin rühmst, hat dich wohl von vielem Schmutze ferngehalten, dich aber dafür in einen gleißenden Abgrund geführt. Sie hat dich gelehrt, nach hohen Zielen auszuschauen, sie hat dich vom Pöbel abgesondert – aber hat sie dich damit nicht an sich selbst gefesselt, dich durch ihre Reize bestrickt und dich zum hochmütigen Verächter aller Welt gemacht, was dir nun mehr als alles andere das Zusammenleben mit den Menschen erschwert? Du sagst, daß sie dich zu unzähligen neuen Arbeiten angespornt hat. Darin sprichst du wahr. Aber denke nach, ob du dies für ein so großes Glück erachten darfst! Du hattest Arbeiten genug, denen du nicht ausweichen durftest – ist es da nicht eine Torheit, sich freiwillig neue aufzubürden? Wenn du dich vollends rühmst, der Gedanke an sie habe dich zu höherem Ruhm begeistert, so habe ich nur Mitleid mit deinem Irrtum. Ich will dir zeigen, daß von allen Lasten, die deine Seele drücken, diese die verhängnisvollste ist. Doch davon später.

Franciscus: Als ein gewandter Fechter verwundest du schon, wenn du nur drohst. Die Wunde wie die Drohung aber hat mich so tief erschüttert, daß ich schon zu wanken anfange.

Augustinus: Wieviel mehr wirst du wanken, wenn ich dir einmal die schwerste Wunde geschlagen habe? Sie, die du so rühmst, der du alles zu verdanken versicherst, sie hat dich zugrunde gerichtet.

Franciscus: Guter Gott, wie willst du mich davon überzeugen?

Augustinus: Von der himmlischen Liebe hat sie deine Seele abgelenkt, deine Sehnsucht von dem Schöpfer weg zu dem Geschöpf hingezogen – der schnellste Weg zum Verderben der Seele!

Franciscus: Ich bitte dich, urteile nicht so rasch! Gerade die Liebe zu ihr war es, die mich zur Gottesliebe führte.

Augustinus: Dabei hast du die natürliche Ordnung umgekehrt.

Franciscus: Wie meinst du das?

Augustinus: Alle Geschöpfe sollen wir aus Liebe zum Schöpfer lieben. Du aber, von den Reizen eines Geschöpfes bestrickt, hast Gott nicht so geliebt, wie du solltest. Du hast in ihm nur den Künstler bewundert, der auf der ganzen Welt nichts Schöneres geschaffen. Und doch ist ja die Körperform die niedrigste Art von Schönheit.

Franciscus: Ich rufe die Wahrheit, die hier steht, und mein Gewissen zu Zeugen auf, daß ich mehr ihre Seele als ihren Leib geliebt habe. Das magst du daraus sehen, daß meine Liebe um so stärker wurde, je mehr mit dem Fortschritt der Jahre ihre körperliche Schönheit schwand. Denn wenn auch im Laufe der Zeit ihre Jugendschönheit welkte, so mehrten sich doch die Zierden ihrer Seele, und diese hielten die Liebe wach, die sie einst in mir geweckt hatten. Hätte meine Liebe nur ihrem Leib gegolten, so wäre es längst Zeit gewesen, davon abzulassen.

Augustinus: Du scherzest. Hätte ihre Seele dir ebenso gefallen, wenn sie in einem schmutzigen, häßlichen Körper wohnte?

Franciscus: Das wage ich nicht zu sagen. Wir sehen ja die Seele nicht, und ein häßlicher Leib hätte keine so schöne Seele ahnen lassen. Aber erschiene die Schönheit ihrer Seele meinem Auge, ich liebte sie wahrlich, wäre sie auch mit schmutziger Hülle umkleidet.

Augustinus: Du suchst Schutz hinter Worten. Wenn du nur lieben kannst, was dem Auge sichtbar ist, so hast du eben nur ihren Leib geliebt. Freilich will ich nicht leugnen, daß auch ihre Seele und ihre Sitten den Flammen deiner Leidenschaft Nahrung gaben – hat ja doch ihr Name schon, wovon ich später reden will, deine Liebesglut um vieles noch gesteigert. Wie bei allen Leidenschaften des Geistes, so entsteht besonders bei dieser aus kleinen Funken oft das größte Flammenmeer.

Franciscus: Ich sehe, wohin du mich bringen willst. Ich soll mit Ovid bekennen:

> animum cum corpore amavi
> [Ich habe die Seele zugleich mit dem Körper geliebt.]

Augustinus: Auch wirst du bekennen müssen, daß du keines von beiden mit Maß, wie es sich ziemte, geliebt hast.

Franciscus: Keine Folterqualen werden mir dies Geständnis erpressen.

Augustinus: Und noch weiter, daß du dich dieser Liebe wegen in das größte Unglück gestürzt hast.

Franciscus: Und steigerst du auch die Folterqualen, ich gestehe nichts.

Augustinus: Bald wirst du beides freiwillig bekennen, wenn du nur auf meine Gründe und meine Fragen achtest. Sage mir: Erinnerst du dich noch der Jahre deiner Kindheit, oder hat die sorgenvolle Gegenwart jede Erinnerung an jene Zeit gelöscht?

Franciscus: Kindheit und Knabenjahre stehen vor meinen Augen wie der gestrige Tag.

Augustinus: Weißt du noch, wie lebendig damals die Gottesfurcht, der Gedanke an den Tod, die Liebe zu Religion und Sitte in dir waren?

Franciscus: Ja, ich weiß es, und mit Trauer denke ich daran, wie mit den Jahren diese Tugenden geschwunden sind.

Augustinus: Auch ich habe immer gefürchtet, Frühlingsstürme möchten die frühen Blüten zerstören, die unverletzt und unbeschädigt zu ihrer Zeit so schöne Früchte hätten tragen können.

Franciscus: Du schweifst vom Thema ab. Was soll dies zu dem, wovon wir reden?

Augustinus: Da dein Gedächtnis treu und frisch ist, so bitte ich dich, durchlaufe schweigend in deinem Geiste dein ganzes Leben und besinne dich, wann dieser Wechsel deiner Sitten eintrat.

Franciscus: Siehe, schon hat ein Blick meines zitternden Auges die lange Reihe meiner Jahre überflogen.

Augustinus: Und was findest du?

Franciscus: Die Weisheit des pythagoräischen Buchstabens, von der ich gehört und gelesen habe, ist nicht leer. Da ich, bescheiden und sittenrein auf rechtem Pfade wandelnd zum Kreuzweg kam, da ward mir geheißen, den Weg zur Rechten zu ergreifen. Ich aber schlug den Weg zur Linken ein, vielleicht aus Leichtsinn, vielleicht aus Trotz, und ich vergaß die Verse, die ich in meiner Jugend so oft gehört:

Hic locus est, partis ubi se via fundit in ambas:
dextera quae Ditis magni sub moenia ducit,
hac iter Elysium nobis; at laeva malorum
exercet poenas et ad impia Tartara mittit.
[Hier ist der Ort, wo der Weg nach beiden Seiten sich spaltet.
Rechts, die Bahn zur Burg des Dis [Pluto], des mächtigen Herrschers,
Führt ins elysische Feld; der Weg zur linken, der Bußpfad,
Ist den Sündern verhängt, die des Tartarus Schrecken erwartet.]

Wie sonderbar, sooft ich es las, ich verstand es nicht, bis ich es an mir selbst erfahren. Und nun zog es mich fort auf dem schiefen Wege der Sünde. Oft wandte sich mein weinendes Auge zurück, aber ich konnte den rechten Weg nicht mehr finden. Ja – damals, als ich diesen verlassen hatte, trat jener traurige Umschwung in meinem Leben ein.

Augustinus: Und in welchen Jahren war das geschehen?

Franciscus: Mitten im Feuer meiner Jugend. Warte ein wenig: vielleicht entsinne ich mich auch, in welchem Jahre es geschah.

Augustinus: Das ist nicht nötig. Besinne dich nun lieber, wann du zum ersten Male die Schönheit der Geliebten gesehen hast.

Franciscus: Das werde ich nie vergessen können!

Augustinus: Nun?

Franciscus: In der Tat – jene erste Begegnung mit ihr und jener traurige Umschwung fielen in dieselbe Zeit.

Augustinus: Nun habe ich, was ich wollte! Damals erstauntest du, es blendete dein Auge der ungewohnte Glanz ihrer Schönheit. Und man sagt ja, das Staunen sei der Anfang der Liebe. So heißt es auch beim lebenserfahrenen Dichter:

> obstupuit primo aspectu sidonia Dido
> [Staunen ergriff bei dem Anblick die tyrische Dido.]

Und später heißt es:

> ardet amans Dido
> [Und in Liebe erglühte Dido.]

Wenn auch diese ganze Erzählung, wie du weißt, nur Dichtung ist, so ist sie doch vom Dichter dem Leben abgelauscht. Doch sag: warum schlugst du damals, da ihr Anblick dich begeisterte, den Weg zur Linken ein?

Franciscus: Wohl nur deshalb, weil er mir bequemer und breiter schien? Der Weg zur Rechten ist ja steil und eng.

Augustinus: Und scheutest die Mühe. Warum hat dieses vielgerühmte Weib, das du deine sicherste Führerin zum Himmel nennst, dich nicht geleitet, da du unschlüssig warst und schwanktest? Warum hat sie dich nicht, wie man es bei Blinden tut, an der Hand geführt und dir den Weg gewiesen?

Franciscus: Das tat sie, so gut sie konnte. Keine Bitten konnten sie bewegen, keine Schmeicheleien überreden – sie schützte ihre Frauenehre, und ihrer und meiner Jugend und tausend andern Dingen zum Trotze, die eine felsenfeste Seele hätten beugen können, blieb sie fest und unerschütterlich. Die starke Seele des Weibes lehrte den Mann seine Pflichten. Ihr verdanke ich es, daß mir im Streben nach Keuschheit – um Senecas Worte zu gebrauchen – weder Beispiele noch mahnender Tadel fehlten. Und als sie endlich doch sehen mußte, wie ich in die Sünde fiel, da wollte sie mich lieber ganz verlassen als mir folgen.

Augustinus: So hast du also manchmal doch von ihr Schändliches verlangt, was du doch vorhin leugnetest. Aber so ist es immer bei euch Liebeskranken oder besser Geisteskranken. Von euch allen gilt das Wort:

> volo, nolo; nolo, volo.
> [Ich will und will nicht und will nicht und will.]

Ihr selbst wißt nicht, was ihr wollt und nicht wollt.

Franciscus: Sehr unvorsichtig bin ich in deine Schlinge geraten. Wenn ich einst vielleicht etwas Unrechtes von ihr verlangt, so waren es die Liebe und mein jugendliches Alter, die mich dazu verführten. Jetzt aber weiß ich, was ich will und wünsche und endlich hat mein schwankender Sinn sich gefestigt. Sie freilich war immer unerschütterlich und unwandelbar. Je mehr ich sie kennenlerne, desto mehr bewundere ich ihre Standhaftigkeit. Und wenn mich früher auch ihre Festigkeit betrübte, jetzt freue ich mich darüber und sage ihr von Herzen dafür Dank.

Augustinus: Wer uns einmal getäuscht, der findet nicht *so* leicht unsern Glauben wieder. Deine Sitten und dein ganzes Leben wirst du ändern müssen, ehe du mich überzeugen kannst, daß deine Seele sich geändert habe. Das Feuer deiner Leidenschaft mag schwächer und kleiner geworden sein, erloschen ist es sicher nicht. Und, der du so für die Geliebte eintrittst, merkst du denn nicht, daß du dich selbst verdammst, wenn du sie freisprichst? Du nennst sie eine Heilige, dich einen Toren und Sünder; sie nennst du glücklich und gestehst, daß dich selbst die Liebe zum unglückseligsten Menschen gemacht hat. Das war es, wenn du dich erinnerst, was ich zu Anfang gesagt habe.

Franciscus: Ich erinnere mich wohl und kann nicht leugnen, daß du recht hattest. Und nun sehe ich auch, wohin du mich geführt hast.

Augustinus: Merke auf, damit du es noch besser siehst. Es gibt kein Ding, das uns Gott rascher vergessen und verachten ließe als die Hinneigung zu irdischen Dingen, jene vor allem, die wir mit dem Worte »Liebe« bezeichnen und die man mit einer fürchterlichen Gotteslästerung selbst einen Gott genannt hat, um so für die menschliche Leidenschaft eine Entschuldigung des Himmels zu haben und die niedrige Sünde erlaubter zu machen durch ihren göttlichen Ursprung. Und es ist kein Wunder, daß gerade diese Leidenschaft solche Macht über die menschliche Seele besitzt. Zu den andern führt uns nur der äußere Schein der Dinge, die erhoffte Freude des Genießens und das Ungestüm der eigenen Seele. Bei der Liebe aber kommt zu all diesem noch die Gegenseitigkeit der Neigung. So schwindet jede Hoffnung, daß die Glut erkalte. Während bei andern Dingen wir nur lieben, werden wir hier wieder geliebt, und gegenseitige Reize steigern die Empfindungen des armen Herzens. Nicht mit Unrecht sagt Cicero, daß von allen Leidenschaften unserer Seele wahrlich die Liebe die größte sei. Und er ist seiner Sache sicher, wenn er ein »wahrlich« hinzusetzt, er, der an anderer Stelle den Zweifel, der alles in Frage stellt, verteidigt hat.

Franciscus: Ich habe die Stelle oft gelesen und mich gewundert, daß er die Liebe die heftigste von allen Leidenschaften nennt.

Augustinus: Du würdest dich nicht wundern, wenn du an dich selber dächtest. Doch kann ich dir ja mit wenigen Worten dein ganzes Elend ins Gedächtnis zurückrufen. Denke daran, wie sich dein ganzes Leben, seit jene unheilvolle Liebe deine Seele befallen, in Jammer und Elend erschöpft hat, wie du in krankhafter Wollust an den eigenen Tränen und Seufzern dich weidetest, wie dir die langen schlaflosen Nächte hindurch immer nur ihr süßer Name auf den Lippen lag, wie alle Dinge dir zum Ekel wurden, wie Lebensüberdruß und Todessehnsucht dich quälten und dich die Liebe menschenscheu in stille Einsamkeiten trieb – konnte man doch von dir sagen, was Homer von Bellerophon singt:

qui miser in campis merens errabat alienis
ipse suum cor edens, hominum vestigia vitans
[Irrte er einsam umher, das Herz in Kummer verzehrend,
Durch die aleïsche Flur und mied die Pfade der Menschen.]

Du wurdest mager und blaß, und vorzeitig welkte die Blüte deiner Jugend; die unaufhörlichen Tränen machen deine Augen trübe, deine Geistesfrische leidet Not, deine Ruhe ist für immer gestört, selbst im Schlafe ergehst du dich in rührenden Klagen, deine Stimme wird matt und heiser vom Weinen, gebrochen und stockend fließt deine Rede. Hältst du dies ruhelose, traurige Leben für ein Glück? – Sie schuf dir Freuden- oder Trauertage: wenn sie kam, erstrahlte dir die Sonne; wenn sie ging, kehrte dir die Nacht wieder. Mit ihren Mienen wechselte deine Stimmung: heiter oder betrübt warst du, je nachdem ihr Angesicht es war. So hingst du ganz von ihrer Willkür ab. Du weißt, daß ich wahr rede und nur Dinge sage, die jedermann bekannt sind. Und welche Torheit: nicht zufrieden mit dem lebendigen Antlitz, das dir so viel Unheil schuf, ließest du dir von eines großen Künstlers Meisterhand ihr Bild malen, um es immer bei dir tragen zu können als eine Quelle unaufhörlicher Tränen. Fürchtetest du vielleicht, die Tränen möchten dir sonst versiegen? Und sorgtest hier vor in größter Achtsamkeit, der du sonst sorglos alles zu vernachlässigen pflegst? Und nun zum Gipfel deines Wahnsinns, den ich schon vorhin kurz berührt: Ist ein Abscheu, ein Tadel groß genug für deinen betörten Geist, der sich schon durch den Glanz ihres Namens nicht weniger als durch die Schönheit ihres Leibes blenden ließ? Was immer ihrem Namen ähnlich klang, hast du in lächerlicher Eitelkeit verehrt. Darum allein, weil sie den Namen Laura führt, hast du mit solchem Eifer gestrebt, den Lorbeer eines Fürsten oder Dichters zu erringen. Und seit der Zeit gelang dir kein Gedicht, worin du nicht den Lorbeer nanntest, als wohntest du am Ufer des Peneus oder als Priester des Apollon auf den Höhen von Cirrha. Und da es Torheit gewesen wäre, die Fürstenkrone zu erhoffen, hast du nach dem Dichterlorbeer, den du als Lohn für deine Geistesarbeit dir verhießest, nicht anders als nach deiner Herrin selbst geschmachtet und gestrebt. Wenn du nachdenkst, wirst du staunend einsehen, welch ungeheure Mühe trotz fremder Hilfe es dich kostete, dies Ziel zu erreichen. Ich weiß wohl, welche Antwort du bereit hast, und sehe, was du bei dir denkst: du willst sagen, du hättest dich solchem Streben hingegeben, bevor die Liebesglut in dir erwachte, und hättest seit deinen Knabenjahren von diesem Dichterlorbeer geträumt. Ich weiß es wohl und bestreite es nicht. Aber der Gedanke daran, daß der Brauch der Dichterkrönung seit Jahrhunderten veraltet ist, daß diese Zeit davon nichts mehr wissen will, das Ungemach eines langen Lebens, das dich schon zur Schwelle des Todes geführt hat, und die vielen andern Widerwärtigkeiten des Schicksals hätten dich längst von deinem Vorsatz abgebracht oder dich darin erschüttert. Doch der süße Klang ihres Namens hat deine Seele immer wieder aufgestachelt, bis du alle andere Sorgenlast von dir warfst und über Länder und Meere und über tausend Hindernisse hinweg nach Neapel und Rom eiltest, wo du dann endlich erreicht hast, wonach dein Herz erglühte. Wer dies alles nur für Zeichen einer mäßigen, bescheidenen Leidenschaft hält, von dem bin ich überzeugt, daß er selbst nicht wenig rase. Du kennst die Stelle, die Cicero aus dem Eunuch des Terenz herübernahm:

> In amore haec omnia insunt vitia: iniuriae,
> suspiciones, inimicitiae, indutiae
> bellum, pax rursum ...
> [Die Liebe führt die Übel alle mit: Verdacht,
> Beleidigung, Feindschaften, Waffenruhe, Krieg
> Und Friede wieder ...]

Erkennst du nicht in diesen Worten alle deine Torheiten wieder, vor allem die Eifersucht, die ja unter den Krankheiten der Liebe, wie diese selbst unter den Leidenschaften, den ersten Platz einnimmt? Vielleicht wirst du einwenden und sagen: »All dies bestreite ich nicht; aber ich besitze ja die Vernunft, die diese Laster mäßigt.« Als habe er deinen Einwand vorausgesehen, fährt Terenz fort:

... incerta haec si tu postules
ratione certa facere, nihilo plus agas
quam si des operam ut cum ratione insanias.
[... diesem Unbestand Bestand
Verleihen zu wollen durch Vernunft wär ebenso,
Als wenn du strebtest, mit Vernunft ein Narr zu sein.]

Dies Wort, dessen Wahrheit du zweifellos fühlst, macht allen deinen Ausflüchten ein Ende. – Ich will hier nicht das ganze Elend der Liebe schildern: du kennst es, und wer es nicht an sich selbst erfahren, der würde mir nicht glauben. Aber ich komme noch einmal darauf zurück: das größte Unheil der Liebe ist, daß sie uns Gott vergessen läßt. Wie könnte der Geist, den soviel Elend niederbeugt, zu dem reinen Quell alles Wahren und Guten sich erheben? Nun wundere dich ferner nicht, daß Cicero die Liebe die größte aller Leidenschaften nennt.

Franciscus: Ich muß gestehen, daß ich geschlagen bin. Alles, was du sagtest, hast du ja aus dem Buche meiner eigenen Erfahrung gelesen. Du hast den ›Eunuch‹ des Terenz zitiert; darum sei es mir erlaubt, mit desselben Dichters Worten zu klagen:

o indignum facinus! nunc ego
... me miserum sentio:
et taedet et amore ardeo, et prudens sciens,
vivos vidensque pereo, nec quid agam scio.
[Schande, Schmach! Jetzt fühl ich erst,
... wie bejammernswert ich bin.
Ich bin ihr gram und glühe vor Liebe; wissentlich
Lebendig, sehend sterb ich und weiß keinen Rat.]

Und wieder mit des Dichters Worten erflehe ich deinen Rat:

> Proinde, dum tempus est, etiam atque etiam cogita.
> [Solang es Zeit ist, denke denn mit allem Ernst.]

Augustinus: Und mit demselben Dichter antworte ich dir:

> res in se neque consilium neque modum
> habet ullum, eam consilio regere non potes.
> [Hat ein Ding nicht in sich selbst Verstand und Maß,
> So kannst du's niemals mit Verstand bewältigen.]

Franciscus: Was soll ich also tun? Muß ich verzweifeln?

Augustinus: Vorher müssen wir alles versuchen. Mein bewährter Rat ist der: Du weißt, daß über diese Sache große Philosophen und berühmte Dichter Abhandlungen und ganze Bücher geschrieben haben. Es wäre eine Beleidigung, dir, dessen Beruf ja dieses Studium ist, sagen zu wollen, wo diese zu finden und wie sie zu verstehen sind. Doch ist es vielleicht angebracht, dir zu zeigen, wie du das, was du gelesen und verstanden hast, nun auch zu deinem Heile anwenden kannst. Einige Philosophen sind, wie wir bei Cicero lesen, der Meinung, man solle die alte Liebe durch eine neue, wie einen Nagel durch den andern, zu vertreiben suchen. So rät auch ganz allgemein Ovid, der Meister der Liebe:

> Successore novo vincitur omnis amor
> [Jede Liebe wird stets durch die nächste besiegt.]

Und ohne Zweifel ist dem so. Denn die von mehreren Interessen in Anspruch genommene Seele vermag sich nur noch mit geteilter Kraft der einzelnen Leidenschaft hinzugeben. So wurde einst, wie man sagt, der Ganges vom Perserkönig in unzählige kleine Arme geteilt und wurde so aus einem großen und gefährlichen Strome zu einer Menge von verächtlichen Bächen. So wird eine zersplitterte Schlachtreihe vom Feinde leichter durchdrungen, so erlahmt ein Feuer, wenn sein Herd in kleine Teile zerstreut wird. Jede Gewalt wird ja durch Teilung vermindert, wie sie umgekehrt durch Vereinigung wächst. Indes ist freilich sehr zu fürchten, du möchtest, von dieser einen und in gewissem Sinne edlen Leidenschaft abgezogen, dich dafür in viele andere stürzen, aus einem Liebenden ein weibertoller, unbeständiger und flatterhafter Mensch werden. Ist der Tod unvermeidlich, so liegt ein gewisser Trost darin, an einer edlen Krankheit zu sterben. Was ich dir also rate, fragst du? Raffe dich auf und fliehe, wenn du kannst, unermüdlich von einem Kerker in den andern. Ich tadle dich darob nicht; denn es ist dabei die Hoffnung daß du einmal ganz entrinnen oder doch in eine weniger strenge Herrschaft geraten wirst. Damit aber bin ich nicht einverstanden, daß du, dem einen Joch entronnen, dich unzähligen andern, noch abscheulicheren, beugst.

Franciscus: Erlaubst du, daß ein Kranker, der seine Krankheit wohl kennt, den Arzt unterbreche?

Augustinus: Warum nicht? Schon oft waren dem Arzte die Worte seines Kranken lehrreiche Winke, das richtige Heilmittel zu finden.

Franciscus: So wisse denn dies eine: nie werde ich eine andere lieben können. Mein Geist hat sich daran gewöhnt, sie anzubeten, mein Auge, sie zu bewundern. Was nicht die Geliebte ist, erscheint mir trüb und häßlich. Wenn du darum von mir verlangst, eine andere zu lieben, um so von meiner Liebe geheilt zu werden, so forderst du Unmögliches. Dann ist es um mich geschehen, dann bin ich verloren.

Augustinus: Dein Gefühl ist also abgestumpft, deine Neigung erstarrt. Nun, wenn innerliche Mittel nicht mehr wirksam sind, so müssen wir eben zu äußerlichen greifen. Könntest du dich entschließen, den Aufenthalt an den gewohnten und geliebten Orten zu meiden und in fremde Länder zu fliehen?

Franciscus: Ich kann es – und wenn mich auch die stärksten Bande hielten.

Augustinus: Kannst du es, so wirst du sicher gesunden. Darum sage ich dir mit den Worten Vergils:

> Heu fuge dilectas terras, fuge litus amatum!
> [Flieh das geliebte Land, flieh die teuren Gestade.]

Denn kannst du hier je sicher sein, wo du so viel Spuren deiner Leiden vor dir siehst, wo der stete Anblick der Geliebten und die Erinnerung an vergangene Tage dir keine Ruhe lassen? Du mußt, wie Cicero sagt, als ein genesender Kranker in der Ortsveränderung Heilung suchen.

Franciscus: Beachte wohl, was du mir vorschreibst! Wie oft habe ich ja schon, voll Eifer für meine Gesundung und dieses Rates wohl eingedenk, mein Heil in der Flucht versucht! Ich erheuchelte alle möglichen Gründe für meine Reisen und meinen Landaufenthalt, aber ihr einziger Zweck war immer nur derselbe: die Freiheit. Diese allein habe ich auf meinen weiten Wanderfahrten nach West und Nord bis an das ferne Meer gesucht. Du siehst nun, was es mir genützt hat. Immer wieder muß ich an das Gleichnis bei Vergil denken:

> qualis coniecta cerva sagitta,
> quam procul incautam nemora inter Cresia fixit
> pastor agens telis liquitque volatile ferrum
> nescius: illa fuga silvas saltusque peragrat
> dicteos, haeret lateri letalis harundo.
> [Der Hindin gleich, der getroffnen,

Da sie des Hirten Geschoß in Kretas Bergen, des Jägers,
Unversehns von fern ereilt, und ohne sein Wissen
Haftet das Eisen: so läuft sie davon und flieht durch des Ida
Wälder und Schluchten und schleppt den tödlichen Pfeil
in der Flanke.]

Gleiche ich nicht diesem Reh? Ich floh, doch mein Verderben trug ich immer mit mir.

Augustinus: Die Antwort, die du von mir erwartest, hast du dir selbst gegeben.

Franciscus: Welche Antwort?

Augustinus: Wer sein Übel mit sich herumschleppt, dem mehrt die Ortsveränderung nur Mühe und Elend, ohne ihn zu heilen. Ich könnte dir antworten, was Sokrates einem Jüngling sagte, der darüber klagte, von seinen Reisen keinen Nutzen gehabt zu haben: »Du reistest eben mit dir.« Du hättest vorher die alte Sorgenlast von dir schütteln, deinen Geist vorbereiten und dann erst reisen sollen. Das gilt von den Leiden der Seele nicht weniger als von denen des Leibes: das Mittel bleibt unwirksam, wenn der Kranke sich nicht entsprechend vorbereitet hat. Du magst an Indiens fernste Grenzen fliehen, du wirst gestehen müssen, daß Horaz wahr geredet:

coelum non animum mutant, qui trans mare currunt
[So ändern jene nur die Luft, nicht ihren Sinn,
die über Meer der Langeweil' entlaufen.]

Franciscus: Du bringst mich in eine sonderbare Verwirrung. Erst rätst du mir, durch Reisen die Seele zu heilen, nun verlangst du, ich solle die Seele heilen und dann erst reisen. Aber darum handelt es sich ja eben, wie ich die Seele heilen kann! Und ist die Seele geheilt, wozu dann reisen? Und ist sie nicht geheilt, was nützt mir dann das Reisen?

Was du da sagtest, scheint mir wertlos. Rate mir deutlicher, auf welche Weise ich mir helfen kann.

Augustinus: Ich habe nicht gesagt, die Seele sollte schon geheilt sein, sondern nur, die Heilung solle vorbereitet werden. Ist übrigens die Seele schon geheilt, so kann die Ortsveränderung ihr eine dauernde Gesundheit bringen; ist sie nicht geheilt, aber darauf vorbereitet, so kann sie eben dadurch gesunden. Ist sie aber keines von beiden, so wird ihr freilich die Ortsveränderung, dieses ruhelose Reisen von Ort zu Ort, nur neue Schmerzen bereiten. Auch hier stütze ich mich auf Horaz:

> et prudentia curas,
> non locus effusi late maris arbiter aufert;
> [wenn Klugheit, nicht ein Ort, der weit umher
> das Meer beherrscht, die Sorgen von uns nimmt.]

Und fürwahr, so ist es! Voll Hoffnung und Verlangen nach der Heimkehr würdest du reisen und alle Schlingen deiner alten Liebe mit dir schleppen. Wo du bist, wohin du dich wendest, würdest du nur an der Verlassenen Angesicht und Stimme denken. Selbst in der Ferne würdest du, wie das so bei Verliebten Brauch ist, der Fernen Stimme hören, sie immer vor dir sehen. Meinst du, daß deine Liebe so erlöschen werde? Glaube mir, sie würde nur noch mehr erglühen. Raten ja doch die Meister der Liebe selbst den Liebenden, bisweilen sich von der Geliebten fernzuhalten, es möchte sie sonst Überdruß ob ihrer ständigen Gegenwart erfassen und so ihre Liebe schwächen. Dringend rate und befehle ich dir darum: Wirf alles von dir, was deine Seele drückt, und dann reise weg ohne den Gedanken an eine Wiederkehr. Dann wirst du einsehen, wie das Fernsein von der Geliebten deine Seele zu heilen vermag. Kämst du an einen ungesunden Ort, der deinem Körper schädlich wäre, und müßtest du dort ein jammervolles Leben in ewiger Krankheit führen, würdest du da nicht entfliehen auf Nimmerwiedersehen? Aber ich fürchte gar sehr, daß du wie die meisten Menschen mehr Sorge für den Leib als für die Seele trägst.

Franciscus: So sind die Menschen! Darüber aber besteht kein Zweifel, daß ich, wenn ich durch die Ungunst eines Ortes in Krankheiten fiele, dieselbe schnell durch eine Veränderung des Ortes zu heilen suchte. Und dasselbe wünschte ich noch viel mehr zu tun, wo es sich um Krankheiten der Seele handelt. Aber das ist, wie ich sehe, eine schwierigere Sache.

Augustinus: Daß diese Ansicht völlig falsch ist, beweisen dir alle großen Philosophen; und zwar deshalb, weil alle Seelenkrankheiten geheilt werden können, wenn nur der Kranke selbst nicht widerstrebt, während dagegen viele Krankheiten des Leibes auf keine Weise heilbar sind. Doch um nicht allzuweit abzuschweifen: ich beharre auf meiner Meinung, daß der Geist darauf vorbereitet und daran gewöhnt werden müsse, das Geliebte zu meiden, daß er nie sich rückwärts wenden und nach den alten lieben Gewohnheiten sich sehnen dürfe. Dann erst mag der Liebende ruhig reisen. Du weißt nun, was du tun mußt, wenn du deine Seele retten willst.

Franciscus: Wenn ich dich recht verstanden habe, willst du also sagen: einem unvorbereiteten Gemüte nützen die Reisen nichts, ein vorbereitetes heilen sie, ein geheiltes festigen sie in der Gesundheit. Dies ungefähr ist doch deine Ansicht?

Augustinus: Gewiß, nichts anderes; du hast damit den

Inhalt meiner langen Ausführungen trefflich zusammengefaßt.

Franciscus: Die Wahrheit der beiden ersten Sätze sehe ich ein, auch wenn man sie mir nicht bewiese. Der dritte dagegen ist mir nicht recht klar: warum sollte der Aufenthalt in fernen Gegenden einer Seele nötig sein, die schon gerettet und geheilt ist? Oder ist es die Furcht vor einem Rückfall, die diesen Rat diktiert?

Augustinus: Scheint dir das ein so schwacher Grund zu sein? Schon beim Leib ist ein Rückfall sehr zu fürchten, um wieviel mehr bei der Seele! Denn hier tritt er viel leichter ein und ist gefährlicher. In einem Briefe gibt Seneca den wertvollen, der Wirklichkeit abgelauschten Rat: »Wer versucht, sich von seiner Liebe freizumachen, der muß jeder Erinnerung an den geliebten Gegenstand aus dem Wege gehen.« Und er gibt als Grund an: »Keine Krankheit bricht so schnell wieder aus wie die der Liebe.« Ein durchaus wahres und aus der innersten Erfahrung geschöpftes Wort. Dir gegenüber brauche ich mich in dieser Sache auf keine weiteren fremden Zeugen zu berufen.

Franciscus: Ich gestehe, daß Seneca recht hat. Aber du weißt wohl, er spricht an dieser Stelle nicht von dem, der sich von seiner Liebe schon freigemacht hat, sondern nur von solchen, die versuchen, sich freizumachen.

Augustinus: Er spricht eben von der Gefahr, wo sie am meisten droht. Bei jeder Krankheit ist vor ihrer Heilung, bei jeder Wunde vor ihrer Vernarbung eine Berührung viel gefährlicher als nach derselben. Daraus folgt aber nicht, daß sie später völlig ungefährlich sei. Doch ich will ein Beispiel aus deinem eigenen Leben anführen, da das immer wirksamer ist: Wie oft bist du in dieser Stadt, die, wenn nicht die Ursache, so doch der Schauplatz deiner Leiden war, als du dich schon genesen glaubtest und vielleicht auch bei zeitiger Flucht völlig genesen wärest, durch die bekannten Straßen gewandelt und hast dich, ohne die Geliebte selbst gesehen zu haben, schon beim Anblick der altgewohnten Orte der Erinnerung an die alten Torheiten hingegeben. Dann bliebst du trauernd und seufzend stehen, bis dir die Tränen in die Augen traten und du aufs neue verwundet wieder die Flucht ergriffst. Dann sagtest du bei dir: »Ich fühle, daß hier noch immer eines alten Feindes Schlingen verborgen liegen. Erinnerungen an einen bittern Tod umlauern mich hier.« Wenn du auf mich hören willst, so wisse, daß ich dir nicht raten kann, in dieser Stadt zu bleiben, selbst wenn du ganz genesen wärest, wovon du doch noch weit entfernt bist. Denn ist es klug, wenn einer, der eben erst dem Kerker entronnen ist, vor den Toren des Kerkers umherirrt, wo der Herr, der seine Flucht beklagt, in ruhelosem Eifer umhergeht, seinen Füßen neue Schlingen zu legen? Die Schwellen des Todes sind immer geöffnet:

... facilis descensus Averno;
noctes atque dies patet atri ianua Ditis.
[... leicht geht's hinab zum Avernus,
Tag und Nacht gähnt offen das Tor des finsteren Herrschers.]

Wenn dies schon für die Gesunden gilt, wieviel eifriger müssen dann die sich vorsehen, die die Krankheit noch nicht verlassen hat! Und diese meint Seneca, da er dies sagt, und erteilt ihnen, die er in größerer Gefahr glaubt, seinen Rat. Es war ja unnötig, sich mit jenen zu befassen, die noch mitten in den Gluten ihrer Leidenschaften stehen und nicht daran denken, ihr Heil zu suchen. Er dachte vielmehr an die nächste Gattung von Menschen, die zwar gleichfalls brennen, aber schon daran denken, ihre Flammen zu verlassen. Vielen, die schon auf dem Wege zur Genesung waren, hat ein kleiner Trunk Wassers geschadet, der ihnen in gesunden Tagen genützt hätte. Oft hat einen Ermüdeten ein schwacher Stoß erschüttert, der einen kräftigen Menschen unbewegt gelassen hätte. Wie klein sind oft die Dinge, die eine sich durchringende Seele wieder in das größte Elend zurückstoßen können! Der Purpur auf den Schultern eines andern stachelt den Ehrgeiz; ein Häuflein Münzen reizt die Habsucht; ein schöner Leib entflammt die sinnlichen Begierden, und ein leichtes Spielen mit den Augen erweckt die schlafende Liebe. So fanden eurer Torheit wegen diese Krankheiten den Weg zur Seele, und haben sie einmal den Weg kennengelernt, so kehren sie um so leichter wieder. Darum mußt du diesen verderbenbringenden Ort verlassen, mußt alles, was deine Seele in die alten Sorgen treiben könnte, mit größter Sorgfalt meiden. Sonst könntest du wie Orpheus beim Rückweg aus der Unterwelt dein Auge rückwärts wenden und so die wiedergewonnene Eurydike, deine Gesundheit, zum zweiten Male verlieren. Dies ist mein Rat.

Franciscus: Ich nehme ihn an und danke dir dafür. Ich fühle, daß er das beste Mittel gegen meine Krankheit ist. Und schon denke ich an die Flucht; doch weiß ich nicht, wohin ich meine Schritte lenken soll.

Augustinus: Viele Wege stehen dir nach allen Seiten offen; viele Zufluchtsorte könntest du finden. Ich weiß, daß dir Italien am meisten gefällt. Es ist ja deine Heimat, und mit der Heimat verbindet uns manches teure Band. Nicht zu Unrecht liebst du es:

Sed neque Medorum silvae, ditissima terra,
nec pulcher Ganges atque auro turbidus Hermus
laudibus Italiae certent, non Bactra neque Indi
totaque turiferis Panchaia pinguis harenis.
[Und doch: Medien, Land mit blühenden Wäldern gesegnet,
Ganges, der liebliche Strom und des Hermus goldene Wirbel
Reichen nicht an Italiens Kranz, nicht Indien, Baktrien,
Nicht die Insel Panchaia, träufend von Myrrhe und Weihrauch.]

Was der große Dichter mit diesen Worten nicht weniger wahr als schön gesagt hat, hast du selbst neulich einem Freunde in einem poetischen Briefe länger ausgeführt. Ich rate dir also: Geh nach Italien! Leben und Sitten der Italiener, der herrliche Himmel, die Höhen des Apennin, zu beiden Seiten das weite Meer, die schöne Lage der meisten Städte – dies alles bewirkt, daß es für deine Sorgen keinen günstigeren Aufenthalt als diesen gibt. Ich mag dich nicht an *einen* engen Punkt des schönen Landes binden. Geh und sei glücklich, wohin dein Herz dich führt! Aber geh bald und in froher Hoffnung und wende dich nie rückwärts. Strebe vorwärts und vergiß, was hinter dir liegt. Viel zu lange schon hast du als ein Verbannter fern von der Heimat, fern von dir selbst geweilt. Jetzt ist es Zeit zur Heimkehr. »Denn es ist Abend geworden, und die Nacht, der Diebe Freundin, ist nahe.« Deine eigenen Worte sind es, womit ich dich ermahne. Und eines, was ich schon vergessen wollte: Du weißt, daß du die Einsamkeit so lange fliehen mußt, bis du fühlst, daß die letzten Reste deiner Krankheit von dir gewichen sind. Als du vorhin gestandest, daß der Aufenthalt auf dem Lande dir nie genützt habe, wunderte ich mich nicht. Welche Heilmittel glaubtest du denn auf dem Lande in einsamer Abgeschlossenheit finden zu können? Oft, wenn du allein aufs Land flohest und seufzend nach der Stadt zurücksahest, da habe ich droben lächelnd zu mir selbst gesagt: »Der Arme! Die Liebe hat ihn verblendet und ihn die Verse vergessen lassen, die jeder Knabe kennt. Er flieht die Krankheit und eilt in den Tod.«

Franciscus: Du hattest recht. Doch sag: Welche Verse meinst du?

Augustinus: Die des Ovid:

> Quisquis amas, loca sola nocent, loca sola caveto.
> Quo fugis? In populo tutior esse potes.
> [Allen Liebenden schadet Einsamkeit, Einsamkeit scheue!
> Aber wohin? In der Menge kannst du weit sicherer sein.]

Franciscus: Ich erinnere mich der Verse; in früher Kindheit waren sie mir wohl vertraut.

Augustinus: Was nützt dir dein Wissen, wenn du nicht verstehst, es für das Leben nutzbar zu machen? Ich habe mich um so mehr gewundert über deine Torheit, die Einsamkeit aufzusuchen, als du ja die entgegengesetzten Ansichten alter Philosophen kanntest und selbst oft in ihrem Sinne geschrieben hast. Oft hast du darüber geklagt, daß dir das einsame Leben nichts nütze, vor allem in dem herrlichen Gedicht über deinen Gemütszustand. Ich selbst habe mich an der Lieblichkeit dieser Dichtung erfreut und habe staunend darüber nachgedacht, wie aus dem Munde eines Wahnsinnigen mitten unter den wildesten Stürmen seiner Seele ein so süßklingendes Lied ertönen konnte, oder welch starke Liebe die Musen davon abhalten mochte, ihren altgewohnten, nun durch so viel Häßlichkeit und durch des Gastgebers Entfremdung geschändeten Wohnsitz zu verlassen. Denn wenn Platon sagt: »Wer bei nüchternem Verstande ist, klopft vergebens an die Pforten der Dichtkunst –«, und sein Nachfolger Aristoteles: »Kein großes Genie gibt es ohne eine gewisse Mischung von Irrsinn –«, so meinen sie damit etwas ganz anderes als deine Tollheiten. Doch davon ein andermal.

Franciscus: Ich war mir nicht bewußt, ein so süßes Gedicht geschrieben zu haben, daß es selbst dein Gefallen gefunden hat. Nun fange auch ich an, es zu lieben. – Kennst du aber noch ein anderes Heilmittel, so bitte ich dich, wolle es dem Bedürftigen nicht vorenthalten.

Augustinus: Ich will nicht alles, was ich weiß, vor dir aufzählen. So macht es ein Prahler, nicht ein besorgter Freund. Auch sind nicht alle Mittel gegen innere wie gegen äußere Krankheiten dazu geeignet, alle zugleich bei einem einzigen Kranken angewandt zu werden. Darum sagt auch Seneca: »Nichts hemmt die Genesung mehr als der häufige Wechsel der Heilmittel. Eine Wunde, an der alle möglichen Arzneien erprobt werden, kommt nie zur Vernarbung. Erst wenn ein Mittel wirkungslos bleibt, soll man zu einem andern greifen.« Wenn es auch für deine Leiden viele und verschiedenartige Arzneien gibt, so werde ich mich darum doch begnügen, nur wenige und vor allem diejenigen anzuwenden, von denen ich die sicherste Wirkung erhoffe. Ich will dich auch damit nicht etwas Neues lehren, sondern dir nur zeigen, welche von den allgemein bekannten Mitteln ich für die wirksamsten erachte. Drei Dinge sind es, wie Cicero sagt, die die Seele von der Tyrannei der Liebe befreien: Übersättigung, Scham und Nachdenken. Man könnte auch mehr oder weniger aufzählen, doch bleiben wir der Autorität dieses großen Mannes wegen bei der Annahme, es seien diese drei. Von der Übersättigung zu reden ist überflüssig; du hältst es ja für unmöglich, so wie die Dinge liegen, je der Liebe zu ihr satt zu werden. Und doch, wenn du in deiner

Leidenschaft auf die Vernunft hören und von der Vergangenheit auf die Zukunft schließen würdest, müßtest du zugeben, daß der geliebte Gegenstand schließlich nicht nur Übersättigung, sondern selbst Überdruß und Ekel zu erzeugen vermag. Doch weiß ich ja aus Erfahrung, daß du in diesem Punkte unzugänglich bist. Denn würdest du auch zugeben, daß eine Übersättigung möglich sei und daß eine solche die Liebe ersticken könne, so würdest du doch erklären, daß deine glühende Leidenschaft von einer solchen noch sehr weit entfernt sei. Und ich müßte dir hierin recht geben. Reden wir daher von den beiden andern Möglichkeiten. Du wirst mir, glaube ich, nicht bestreiten, daß dir die Natur Anstand und edlen Sinn verliehen hat.

Franciscus: Wenn ich mich nicht über mich selbst täusche, so ist dies wirklich wahr. Schon oft habe ich es bitter empfunden, nicht in unsere Zeit noch in unsere Welt zu passen, wo alles, wie du siehst, nur noch den Schamlosesten zuteil wird, Ehre, Aussichten, Reichtum, Dinge, gegen die selbst die persönliche Tüchtigkeit nichts mehr vermag.

Augustinus: Und siehst du nun auch, wie sehr sich Liebe und Scham widerstreiten? Während jene den Geist drängt und reizt, beruhigt ihn diese; während jene ihm die wilden Sporen gibt, hält ihn diese klug im Zaume; während die Liebe auf nichts achtet, überlegt die Scham in weiser Vorsicht.

Franciscus: Ach, ich fühle mit Schmerzen, wie feindliche Leidenschaften in mir sich bekämpfen. Bald beherrscht mich diese, bald jene. Bald hierhin, bald dorthin reißen mich die Stürme meiner Seele, und ich weiß nicht, welcher Regung ich willig folgen soll.

Augustinus: Sage mir, wenn ich dich fragen darf: Hast du dich neulich im Spiegel betrachtet?

Franciscus: Was soll diese Frage? Allerdings pflege ich dies manchmal zu tun.

Augustinus: Hoffentlich geschieht es nicht häufiger und nicht eitler, als es nötig ist. Nun frage ich dich: Siehst du nicht, wie von Tag zu Tag dein Gesicht altert, wie an den Schläfen schon weiße Haare sich zeigen?

Franciscus: Ich glaubte, du wolltest etwas ganz Besonderes sagen. Das ist ja allen Erdgeborenen gemeinsam: man ist jung, man altert, man stirbt. Ich nehme an mir wahr, was ich auch fast an allen meinen Altersgenossen sehe. Ich weiß auch nicht, ob die Menschen heute schneller altern als früher.

Augustinus: Anderer Leute Alter macht dich nicht jung und ihr Tod dich nicht unsterblich. Doch sag: Hat nicht der Anblick deines alternden Körpers in deiner Seele eine Wandlung hervorgerufen?

Franciscus: Er hat die Seele wohl erschüttert, aber nicht verändert.

Augustinus: Wie war dir aber dabei zumute? Was dachtest du?

Franciscus: An nichts anderes, als an jenes Wort des Kaisers Domitian: »Ruhigen Herzens trage ich schon in der Jugend mein alterndes Haar.« Mit seinem Beispiel habe ich mich über meine wenigen weißen Haare getröstet. Und neben dem Kaiser dachte ich auch an einen König, an Numa Pompilius, der als Zweiter die römische Königskrone trug: auch dieser soll von früher Jugend an graue Haare gehabt haben. Und auch das Beispiel eines Dichters fehlte mir nicht: so sagt Vergil in seinen bukolischen Liedern, die er bekanntlich im Alter von sechsundzwanzig Jahren geschrieben hat, unter der Person des Hirten von sich selbst:

candidior postquam tondenti barba cadebat.
[dem der geschorene Bart schon silberne Stoppeln zurückließ.]

Augustinus: Du hast ja eine Menge von Beispielen bereit. Hättest du doch ebenso viele, die dir den Gedanken an den Tod nahelegten! Diese Beispiele, die dich lehren, die grauen Haare nicht als Zeugen des Alters und Boten des nahen Todes zu betrachten, kann ich nicht billigen. Denn sie verführen dich dazu, den raschen Verfall des Lebens zu verkennen und der Letzten Dinge zu vergessen. Daß du aber dieser gedenkest, ist ja der Zweck unserer Gespräche. Wenn ich dich nun hinweise auf dein ergrauendes Haar, so nennst du mir eine Reihe von berühmten Männern, deren Haar auch ergraute! Was soll das? Ja, wenn du beweisen könntest, daß jene nicht gestorben seien, dann hättest du Grund, das Ergrauen deiner Haare nicht zu fürchten. Hätte ich von einer Glatze gesprochen, so würdest du mich wohl auf Julius Caesar hingewiesen haben?

Franciscus: Gewiß; ich hätte kein besseres Beispiel gehabt. Und es liegt doch auch, wenn ich mich nicht täusche, ein großer Trost darin, sich in der Gesellschaft so berühmter Männer zu wissen. Darum gestehe ich offen: ich mag solche Beispiele nicht missen. Es ist doch gut, in den Trübsalen, die uns die Natur oder das Schicksal bereitet und noch bereiten kann, irgendeinen tröstenden Gedanken zu haben. Und ein solcher besteht am besten in dem wirksamen Hinweis auf das Beispiel irgendeines berühmten Mannes. Hättest du mich darob getadelt, daß ich mich vor dem Blitz fürchte – ich kann nicht leugnen, daß dies der Fall ist, und nicht der letzte Grund meiner Liebe zum Lorbeer ist der, daß dieser Baum vom Blitz nicht getroffen werden soll – so würde ich dir geantwortet haben, daß Kaiser Augustus an derselben krankhaften Angst litt. Hättest du mich blind genannt, und wäre ich wirklich blind, so hätte ich auf den blinden Appius und auf Homer, den Dichterfürsten, hingewiesen; bei Einäugigkeit hätte ich mich mit Hannibal oder mit König Philipp von Mazedonien getröstet, bei Schwerhörigkeit mit Marcus Crassus; könnte ich die Hitze nicht ertragen, so würde ich mich auf Alexander den Großen berufen – und so könnte ich noch viele weitere Beispiele anführen, doch kannst du ja von dem Gesagten auf das übrige schließen.

Augustinus: Ich mißbillige es durchaus nicht, daß du dir solche Beispiele vor Augen hältst; doch dürfen sie dich nicht lässig und gleichgültig machen, nur Furcht und Schwermut sollen sie dir nehmen. Und ich lobe jeden Gedanken, der dich davon abhält, das nahende Greisenalter zu fürchten oder das schon gegenwärtige zu hassen. Aber ich verwerfe und mißbillige durchaus alles, was dir den Gedanken einflößen könnte, daß das Alter nicht das nahende Ende dieses Lebens verkünde und daß man nicht allzuviel des Todes gedenken solle. Es ist wohl ein Zeichen guten Charakters, das frühzeitige Ergrauen ruhigen Herzens zu ertragen; dagegen nicht glauben zu wollen, daß man alt geworden und vielleicht einige Jahre zu verleugnen, zu klagen, daß allzufrüh die grauen Haare kämen, sie zu verbergen oder auszureißen, das ist eine zwar allgemein verbreitete, doch darum nicht weniger große Torheit. Seht ihr nicht, ihr Blinden, wie rasch die Sterne eilen, mit deren schnellem Lauf die Tage eures kurzen Lebens entrinnen? Ihr wundert euch, daß das Alter zu euch komme, das doch im schnellen Flug der Tage euch entgegeneilt? Zwei Dinge sind es, die euch zu solcher Torheit verleiten. Erstens teilt ihr die kurze

Spanne eures Lebens bald in vier, bald in sechs, bald in noch mehr kleine Abschnitte ein und sucht durch diese Zahlen das kurze Leben, da es in Wirklichkeit nicht möglich ist, wenigstens in eurer Einbildung zu verlängern. Doch was nützt diese Teilung? Mache Abschnitte und Teilchen, soviel du willst, in einem Augenblicke fast sind alle dahin!

Nuper erat genitus, modo formosissimus infans,
iam iuvenis, iam vir.
[Kaum erst geboren, eben ein blühender Knabe,
jetzt schon ein Jüngling, ein Mann.]

Hörst du, wie der geistvolle Dichter durch den Schwung und die Wucht der Worte den raschen Lauf des Lebens zum Ausdruck bringt? – Vergebens also sucht ihr zu erweitern, was die Natur, die Mutter allen Seins, enge geschaffen hat. Das Zweite ist, daß ihr unter Scherzen und falschen Freuden altert. Es ergeht euch wie den Trojanern, die ahnungslos ihre letzte Nacht im Festjubel verbrachten –

dum fatalis equus saltu super ardua venit
Pergama et armatum peditem gravis attulit alvo,
[Da das verrufene Bild, das Roß, im Sprunge der hohen
Pergamus' Zinne gewann, den Leib voll Waffen und Fußvolk.]

So übersteigt das Alter, das den bewaffneten, unüberwindlichen Tod mit sich führt, die Mauern eures unbewachten Körpers, und ihr merkt es erst dann –

invadunt urbem somno vinoque sepultam.
[Und sie gewinnen die Stadt, die wein- und schlummerbegrabne.]

Nicht weniger seid ihr begraben unter der Last des Leibes und befangen in der süßen Liebe zu irdischen Gütern, als jene, die Vergil schildert, begraben lagen unter Schlaf und Trunkenheit. – Wie fein sagt der Dichter in der Satire:

decurrere velox
flosculus angustae miseraeque brevissima vitae
portio; dum bibimus, dum serta, unguenta, puellas
poscimus, obrepit non intellecta senectus.
[Es eilt ja so flüchtigen Laufes dahin das bißchen
Blüte, der winzige Teil eines engen, erbärmlichen Lebens.
Während wir trinken, während nach Kränzen, Salben und Mädchen
wir noch rufen, beschleicht uns, eh wir es ahnen, das Alter.]

Und du glaubst, das Alter, das so schnell heranschleicht und schon vor der Türe lauert, von dir fernhalten zu können, als sei es wider alle Ordnung der Natur vorzeitig zu dir geeilt? Und bist glücklich, wenn dir jemand, der noch nicht allzu alt ist, begegnet und dir versichert, dich noch als ein kleines Kind gekannt zu haben, vor allem, wenn er, wie so die Redensarten sind, hinzufügt, daß dies erst gestern oder vorgestern gewesen sein müsse? Und fühlst nicht, daß man dasselbe jedem altersschwachen Manne sagen kann? Denn wer war gestern oder ist heute nicht noch ein Kind? Neunzigjährige Knaben sehen wir sich zanken über die nichtigsten Dinge und kindischem Treiben sich hingeben. Die Tage sind geflohen, der Leib ist alt und schwach geworden, der Geist aber hat sich nicht verändert. Wenn auch alles faul und morsch wird, der Geist kommt nicht einmal zur Reife. Das alte Sprichwort behält recht: Bis eine Seele reif wird, sind viele Körper aufgebraucht. Das Knabenalter schwindet, aber, sagt Seneca, die Knabenart bleibt. Aber du, glaube mir, bist nicht so jung, wie du glauben willst! Der größere Teil der Menschen erreicht dein Alter nie. Darum solltest du dich schämen, als Greis noch den Verliebten zu spielen; du solltest dich schämen, solange noch das Gerede des Pöbels zu sein. Und wenn dich die Zierde wahren Ruhms nicht reizt und Schande dich nicht abschreckt, so sollte doch die Rücksicht auf fremde Ehre dich veranlassen, dein Leben zu ändern. Schon deshalb, denke ich, bist du verpflichtet, für deinen guten Ruf zu sorgen, damit deine Freunde nicht der schändliche Vorwurf trifft, gelogen zu haben, da sie dich rühmten. Wenn alle andern dafür sorgen müssen, so mußt du es noch vielmehr, da du einer so großen Menge von Lobrednern gerecht werden mußt.

> Magnus enim labor est magnae custodia famae.
> [Große Mühe macht es, den großen Ruhm sich zu wahren.]

So läßt du in der ›Africa‹ deinen Scipio von seinem ärgsten Feinde gemahnt werden – nun nimm du selbst den Rat aus dem Munde eines liebenden Vaters entgegen: Wirf diese kindischen Torheiten von dir, lösche die Flammen eines jugendlichen Feuers aus, denke nicht immer daran, was du einst warst, sondern daran, was du nun bist. Schaue nicht mehr in den Spiegel, ohne daraus Nutzen zu ziehen. Denke daran, was bei Seneca steht, daß die Spiegel erfunden sind, damit der Mensch sich selbst kennenlerne. So haben schon viele aus dem Spiegel erst Selbsterkenntnis und dann weisen Rat geschöpft: der Schöne, daß er vor der Schande sich hüten solle; der Häßliche, daß er durch Tugend die Mängel des Leibes ersetze; der Jüngling, daß es Zeit sei, zu lernen und männlich zu handeln; der Greis, daß er in seinen letzten Tagen den irdischen Lüsten entsagen und anfangen solle, an den Tod zu denken.

Franciscus: Oft habe ich an diese Worte gedacht, seit ich sie zum ersten Male gelesen. Es liegt eine beachtenswerte Wahrheit und ein weiser Rat darin.

Augustinus: Was hat es dir nun genützt, es einst gelesen und oft daran gedacht zu haben? Besser wäre es gewesen, du hättest dich mit der Unwissenheit entschuldigen können. Nun aber, da du es wußtest, schämst du dich nicht, daß deine grauen Haare dich so wenig verändert haben?

Franciscus: Scham und Reue quälen mich. Doch weiter vermag ich nichts. Du weißt, welcher Trost es für mich ist, daß die Geliebte mit mir altert.

Augustinus: Erinnerst du dich nicht des Wortes der Julia, Tochter des Kaisers Augustus, als ihr Vater sie tadelte, daß sie sich nicht, wie Livia, mit Personen in reifem Alter umgebe: »Sie werden mit mir altern.« Hältst du es denn für ehrbarer, als Greis für ein altes Weib zu erglühen, als ein junges Mädchen zu lieben? Um so schändlicher ist deine Liebe, je weniger Grund du dazu hast. Schäme dich und höre nicht auf, dich zu schämen, daß du nicht reifer wurdest, während dein Leib beständig alterte. – Soviel war von der Scham zu sagen. Sprechen wir nun noch, wie Cicero will, von der Quelle aller Heilmittel, der Vernunft, und flehen wir ihre Hilfe an. Ein angestrengtes, ernstes Nachdenken – das letzte der genannten drei Dinge, die die Seele von der Liebe befreien – wird uns diese Hilfe gewähren. Merk wohl auf! Ich führe dich in jene höchste Burg, in der allein du sicher bist von allen Stürmen deiner Leidenschaften und derentwegen allein du den Namen Mensch verdienst. Denke vor allem an den Adel deiner Seele, der so groß ist, daß ich ein ganzes Buch schreiben müßte, wollte ich davon handeln. Dann denke zugleich an die Hinfälligkeit und Häßlichkeit des Leibes, worüber sich nicht weniger sagen ließe. Dann denke an die Kürze des Lebens, worüber schon bedeutende Männer große Bücher geschrieben haben. Denke an die schnelle Flucht der Zeit, die kein Mensch mit Worten schildern kann. Denke an den Tod, der so unausbleiblich sicher, und an die Todesstunde, die so ungewiß ist und die zu jeder Zeit und an jedem Orte drohend über dir schwebt. Denke daran, daß sich die Menschen nur darin täuschen, daß sie glauben, in weite Ferne rücken zu können, was sich nicht verschieben läßt. Niemand ist ja so von Sinnen, daß er nicht gestände, einmal sterben zu müssen. Ich beschwöre dich, gib dich nicht der trügerischen Hoffnung auf ein langes Leben hin, die schon so viele Menschen umgarnt und betrogen hat. Denke lieber an jenes herrliche, eines himmlischen Mundes würdige Dichterwort:

> Omnem crede diem tibi diluxisse supremum.
> [Nimm du den Tag, der anbricht, für den letzten.]

Ist denn nicht jeder Tag, der den Sterblichen heraufleuchtet, entweder der letzte oder doch nahe dem letzten? Und dann denke ferner daran, wie schmählich es ist, wenn mit Fingern auf dich gezeigt wird und du im Gerede des Pöbels stehst. Denke daran, wie sehr dein Leben deinen Lehren widerspricht. Denke daran, wieviel diese Liebe dir geschadet hat an deiner Seele, deinem Körper, an deinem ganzen Leben. Denke daran, wieviel du nutzlos ihretwegen erduldet hast. Denke daran, wie oft du darob verspottet, mißachtet und verachtet wurdest. Denke daran, wie viele Schmeicheleien du in den Wind gesprochen, wie oft du vergebens geklagt und geweint hast. Denke an der Geliebten stolzes, undankbares Wesen: war sie dir je einmal etwas freundlich, so war das so rasch wieder verflogen wie ein kühles Lüftchen im Sommer. Denke daran, wie sehr du für ihren Ruhm gesorgt und wieviel Zeit du ihr gewidmet hast, wie sehr du immer um ihren Namen besorgt warst und wie wenig sie sich um dich kümmerte. Und dann denke daran, wieviel du ihretwegen vom Dienste und von der Liebe Gottes abgezogen wurdest, in welches Seelenelend sie dich gestürzt hat. Ich schweige davon, damit es nicht ein fremdes Ohr vernehme, das vielleicht unseren Gesprächen lauscht. Denke daran, wieviel edlere und nützlichere Geschäfte überall deiner noch harren. Denke daran, wieviel Arbeiten dir unvollendet in den Händen geblieben sind. Besser wäre es, diese zu ihrem Rechte kommen zu lassen, als die kleine Spanne Zeit, die dir zur Verfügung steht, so ungerecht zu verteilen. Und dann denke endlich daran, was es überhaupt ist, das du so glühend begehrst. Freilich in männlichem Ernste mußt du dies letztere bedenken, sonst wirst du vielleicht noch enger an die Liebe gefesselt, während du sie fliehen willst. Denn bei vielen finden dabei die Reize der körperlichen Schönheit irgendwie wieder den Weg zum Herzen, und durch das Heilmittel hat sich so das Übel nur verschlimmert. Nur wenige sind es, die, wenn sie einmal das Gift der fleischlichen Lüste genossen haben, mit männlichem Ernste und standhafter Zurückhaltung die Häßlichkeit des weiblichen Körpers – denn davon rede ich – im Geiste betrachten können. Gar leicht fällt eben der Mensch unter dem Drange des natürlichen Triebes wieder dorthin zurück, wo er so lange verweilte. Davor mußt du dich mit allem Eifer hüten. Vergiß, was früher dein Herz fesselte, vertreibe jeden Gedanken, der dich an diese Vergangenheit erinnern könnte. Zerschmettere am Felsen die eigenen Kinder deines Geistes, damit sie nicht, größer geworden, dich in den Schmutz herabziehen. Und bestürme inzwischen den Himmel mit deinen Gebeten. Ermüde mit frommen Bitten das Ohr des himmlischen Königs. Kein Tag und keine Nacht vergehe dir ohne tränenreiches Flehen, bis der Allmächtige sich erbarmt und deinem Elend ein Ende macht. – Nun weißt du, was du zu tun und wovor du dich zu hüten hast. Wenn du es sorgfältig und mit Eifer betrachtest, dann hoffe ich, wird dir die göttliche Hilfe nicht fehlen, sondern wird dich die Rechte des unüberwindlichen Erlösers zum Siege führen. Und nun, da wir für dein Bedürfnis zwar fast zu wenig, für die Kürze der Zeit aber genügend von diesem einen Übel gesprochen haben, wollen wir fortfahren und zu der letzten Krankheit übergehen, von der ich dich nun heilen werde.

Franciscus: Tue das, mein mildester Vater. Von den andern fühle ich mich, wenn auch nicht ganz befreit, so doch schon sehr erleichtert.

Augustinus: Irdischen Ruhm und die Unsterblichkeit deines Namens erstrebst du über alles erlaubte Maß.

Franciscus: Das gebe ich zu; doch wird nichts imstande sein, mich von diesem Streben abzubringen.

Augustinus: Aber es ist sehr zu fürchten, es werde die leidenschaftlich ersehnte nichtige Unsterblichkeit deine wahre Unsterblichkeit vereiteln.

Franciscus: Das fürchte auch ich. Darum erbitte ich gegen diese drohende Gefahr von dir einen nützlichen Rat. Denn du hast es verstanden, mich von größeren Krankheiten zu befreien.

Augustinus: Du weißt wohl, daß dies deine schwerste Krankheit ist, wenn auch die andern weniger schön erscheinen. Doch sage mir: Worin glaubst du, bestehe dieser Ruhm, den du dir so sehnlichst wünschst?

Franciscus: Soll ich dir eine Definition geben? Niemandem ist sie bekannter als dir.

Augustinus: Und dir ist wohl das Wort Ruhm bekannt,

die Sache selbst aber, wie aus deinem Tun und Schaffen hervorgeht, scheint dir unbekannt zu sein. Nie hättest du den Ruhm, wenn du ihn gekannt hättest, so eifrig erstrebt. Denn ob du nun darunter das ehrenvolle, unter deinen Mitbürgern oder in deinem Vaterlande oder gar unter der ganzen Menschheit verbreitete Gerücht von deinen verdienstvollen Werken verstehst, wie dies Cicero an einer Stelle meint, oder ein häufiges lobendes Genanntsein, wie er an einer andern Stelle sagt: auf jeden Fall wirst du finden, daß der Ruhm in einem Gerücht besteht. Und weißt du vielleicht, was ein Gerücht ist?

Franciscus: Ich bin mir nicht recht klar darüber und fürchte mich, etwas Unrichtiges zu sagen. Darum will ich meine Ansicht hierüber lieber verschweigen.

Augustinus: Dies ist klug und bescheiden. Bei jedem ernsten Gespräche, vor allem wenn es sich um zweifelhafte Fragen handelt, ist es besser, darauf zu achten, was verschwiegen, als was gesagt werden soll. Denn viel eher wird ja eine weniger gute Äußerung getadelt als eine gute gelobt. – Wisse also, daß das Gerücht nichts anderes ist, als das durch den Mund vieler Leute gehende Gerede über irgendeine Sache.

Franciscus: Ob du dies nun eine Definition oder eine Erklärung nennen willst, auf jeden Fall ist sie vortrefflich.

Augustinus: Es ist also nur ein Hauch, ein bewegliches Lüftchen und, was in deinen Augen noch schlimmer ist, es ist etwas, das von der Menge ausgeht. Ich weiß, wem ich das sage: keinem sind Sitte und Art des Pöbels verhaßter als dir. Und nun sieh den Widerspruch in deinem Urteil! Du erfreust dich am Klatsch derer, deren ganzes Treiben du sonst verdammst. Und würdest du dich wirklich nur daran erfreuen! Aber hast du nicht vielmehr dein ganzes Lebensglück darauf gebaut? Denn was bezwecktest du mit deiner unermüdlichen Arbeit, den vielen durchwachten Nächten und dem stürmischen Eifer, mit dem du dich auf die Wissenschaften warfst? Vielleicht wirst du antworten, du wolltest Dinge lernen, die für das Leben nützlich seien. Aber schon lange hast du gelernt, soviel du für das Leben und den Tod bedurftest. Besser wäre es, nun endlich zu versuchen, ob du das Gelernte ins Leben umzusetzen vermögest, als immer weiter voranzuschreiten in diesem mühevollen Erlernen, wo immer Neues zu erfahren und Unbekanntes zu erfragen und wo des Suchens und Forschens kein Ende ist. Auch hast du ja am eifrigsten gearbeitet in dem, was dem Pöbel gefiel, und hast dir Mühe gegeben, denen zu gefallen, die selbst nie deinen Gefallen finden konnten, und hast überall, bei Dichtern und bei Gelehrten, die Blumen der Wohlredenheit gepflückt, mit denen du den Ohren der Hörer schmeicheltest.

Franciscus: Höre auf, ich bitte dich; dies kann ich nicht stillschweigend hinnehmen. Nie mehr seit meinen Knabenjahren habe ich mich an den Blümchen der Wissenschaft ergötzt. Ich habe nie vergessen, was Cicero so schön von dem »Zerpflücken« der Wissenschaft sagt, noch das bekannte Wort Senecas: »Es ist eine Schande für einen Mann, immer nur Blümchen zu pflücken, von bekannten schönen Worten zu leben und sich ganz auf sein Gedächtnis zu verlassen.«

Augustinus: Ich wollte dir damit weder den Vorwurf der Trägheit noch den einer beschränkten Gedächtnisarbeit machen; ich wollte nur sagen, daß du dir aus dem, was du gelesen, die glänzenderen Stellen gemerkt hast, um damit gelegentlich im Kreise von Bekannten zu prahlen, und daß du aus den ungeheuren Schätzen der Wissenschaft deinen Freunden nur einige Geistreichigkeiten geboten hast. Und das tatest du doch nur aus lächerlicher Eitelkeit. Endlich warst du nicht zufrieden mit deinen täglichen Beschäftigungen, weil sie dir trotz des großen Aufwandes an Zeit doch nur Ruhm und Ansehen in der Gegenwart versprachen, sondern hast deine Gedanken nach höheren Zielen gerichtet und nach Ruhm auch bei den späteren Geschlechtern getrachtet. Darum versuchtest du dich an größeren Werken und wolltest ein Buch der Geschichte von König Romulus bis auf Kaiser Titus schreiben, ein ganz unermeßliches Werk, das alle Zeit und Arbeit verschlang. Und ehe du es noch vollendet, hast du, von Ruhmsucht angestachelt, das Schifflein deiner Dichtkunst nach den Gestaden Afrikas gelenkt und beschäftigst dich nun so eifrig mit der Abfassung deiner ›Africa‹, daß dir keine Zeit zu andern Arbeiten übrigbleibt. So hast du, ein Verschwender des kostbarsten, unwiderbringlichen Gutes, dein ganzes Leben diesen beiden Arbeiten – um von den unzähligen Nebenbeschäftigungen ganz zu schweigen – hingegeben und hast dich selbst vergessen, während du über andere schriebst. Und weißt du denn, ob nicht der Tod, noch ehe das Werk vollendet, dir die müde Feder aus den Händen nimmt? Und ob du nicht so, während du auf zwei Wegen zum leidenschaftlich ersehnten Ruhme eilen willst, auf keinem Wege ihn zu erreichen vermagst?

Franciscus: Ich gestehe, daß auch ich diese Furcht hegte, vor allem als ich, von einer schweren Krankheit befallen, vor dem nahen Tode erzitterte. Damals war mein größter Schmerz der Gedanke, die ›Africa‹ nur halb vollendet zurücklassen zu müssen, und ich hatte beschlossen, die Dichtung mit eigenen Händen ins Feuer zu werfen, denn ich wollte die letzte Feilung des Werkes keinem andern überlassen und hatte auch zu keinem meiner Freunde, die mir nach meinem Ableben diesen Dienst hätten erweisen können, das nötige Vertrauen. Wußte ich doch, daß einst auch Vergil in dieser Sache von Kaiser Augustus die Erfüllung seiner Bitte nicht erlangte. Doch wozu so viel Worte? Kurz, wenig fehlte und Afrika, das so viel unter den Gluten der nahen Sonne, die ewig auf ihm lasten, zu leiden hat und das einst dreimal von den Brandfackeln der Römer weit und breit versengt wurde, wäre nun auch noch durch meine Schuld in Flammen aufgegangen. Doch hierüber ein andermal. Es ist mir das eine gar bittere Erinnerung.

Augustinus: Was du da erzähltest, rechtfertigt meine Auffassung; es verschiebt nur die Stunde der Abrechnung, aber hebt sie nicht auf. Gibt es eine größere Torheit, als auf eine Sache von so zweifelhaftem Ausgang so große Mühe zu verwenden? Ich weiß, was dich davon abhält, das Werk aufzugeben: einzig und allein die Hoffnung, es doch noch vollenden zu können. Es wird mir, wenn ich mich nicht täusche, schwerfallen, dir diese Hoffnung auszureden; darum will ich wenigstens versuchen, durch längere Ausführungen dir nachzuweisen, daß sie so großen Mühen nicht entspricht. Setze einmal den Fall, du hättest Zeit, Muße und Ruhe in Überfluß und alle Trägheit deines Geistes, alle Müdigkeit des Körpers, alle Tücke des Schicksals, kurz alles, was im Eifer des Schreibens den schnellen Griffel stören könnte, sei verschwunden, es gelänge dir alle Arbeit über alles Erwarten gut – was glaubst du dann Großes schaffen zu können?

Franciscus: Ein hervorragendes, ein seltenes, ein ganz herrliches Werk!

Augustinus: Ein herrliches Werk – gut, das sei zugegeben. Aber du würdest erschrecken, wenn du wüßtest, von wie vielen noch herrlicheren Werken dies heiß Erstrebte dich abhält. Und dann denke noch daran, daß dieses herrliche Werk nicht weit verbreitet werden und nicht lange in Ansehen stehen kann: an die Enge des Raumes und an die Kürze der Zeit ist es gebunden.

Franciscus: Ach, ich kenne das alte Philosophenmärchen, die ganze Welt sei gleich einem einzigen, verschwindenden Punkte, ein einziges Jahr umspanne viele Jahrtausende, und doch vermöge der irdische Ruhm weder diesen Punkt noch ein Jahr ganz auszufüllen und dergleichen mehr, wodurch man die Seele von der Ruhmsucht fernzuhalten sich müht. Ich bitte dich, führe wirksamere Gründe ins Feld, wenn du sie hast. Von diesen weiß ich längst aus eigener Erfahrung, daß sie weniger wirksam als schön zu erzählen sind. Ich denke ja nicht daran, ein Gott zu werden, der ich weder von Ewigkeit bin noch Himmel und Erde erfülle. Irdischer Ruhm genügt mir, und nach ihm geht mein Sehnen: als ein sterblicher Mensch verlange ich nur nach sterblichen Gütern.

Augustinus: Unseliger! Wenn du wahr redest, wenn du wirklich nach unsterblichem Leben dich nicht sehnst, wenn du das Ewige nicht achtest, dann bist du freilich ein irdischer Mensch im wahren Sinne des Wortes, dann ist es um dich getan und nichts ist mehr für dich zu hoffen.

Franciscus: Bewahre mich Gott vor solcher Torheit! Daß ich immer erglühte in Liebe zum ewigen Leben, dessen ist mir meine Seele Zeuge, die alle meine Sorgen kennt. Ich habe gesagt oder – wenn ich mich vielleicht mangelhaft ausgedrückt habe – wollte wenigstens sagen: Zu irdischen Zwecken gebrauche ich irdische Mittel und will nicht durch übertriebene, grenzenlose Wünsche der Natur der Dinge Gewalt antun. Wenn ich irdischen Ruhm erstrebe, so vergesse ich dabei nicht, daß ich und er vergänglich sind.

Augustinus: So klug dies ist, so töricht ist es, eines nichtigen und wie du selbst zugibst, vergänglichen Hauches wegen das Ewigwährende aufzugeben.

Franciscus: Ich gebe es durchaus nicht auf; ich schiebe es vielleicht nur einige Zeit auf.

Augustinus: Aber wie gefährlich ist dieser Aufschub bei dem raschen Lauf des ungewissen Lebens! Sage mir: Wenn von dem, der allein über Leben und Tod bestimmt, dir jetzt nur noch ein einziges Jahr zugemessen wäre und wenn du dies über allen Zweifel sicher wüßtest, wie würdest du dann diese Zeit einteilen und verwenden?

Franciscus: Höchst sparsam und vorsichtig; mit dem größten Eifer würde ich dafür sorgen, daß nur noch ernste Dinge mich beschäftigen. Ich glaube, daß es kaum einen so törichten und übermütigen Menschen gibt, der nicht dasselbe antwortete.

Augustinus: Die Antwort lobe ich, aber das Staunen, in das mich der Wahnsinn der Menschen in dieser Sache versetzt, vermag weder ich noch wer sonst je mit Beredsamkeit sich abgegeben, zu schildern. Und wenn sich auch aller Geist und Arbeit zu diesem einen Zweck vereinigten, ermüdet müßte die Beredsamkeit innehalten, lange bevor ihre Schilderung die Wahrheit erreichte.

Franciscus: Worüber dieses Erstaunen?

Augustinus: Äußerst geizig seid ihr mit eurem gewissen

Besitz, verschwenderisch dagegen mit eurem ungewissen. Und doch müßte das Gegenteil der Fall sein, wenn ihr nicht ganz von Sinnen wäret. Fürwahr, ist auch ein Jahr eine kurze Spanne Zeit, so kann man darüber doch, wenn es von dem versprochen ist, der nicht täuschen noch getäuscht werden kann, und wenn man es klug in einzelne Teile zerlegt, freier verfügen, solange man nur die letzten Tage der Sorge für das Seelenheil zu widmen gedenkt. Aber das ist euer aller unüberwindliche, fürchterliche Tollheit: ihr wißt nicht, ob euch die Zeit zur Erfüllung eurer letzten, wichtigsten Pflichten hinreicht, und doch verschwendet ihr sie in lächerlicher Eitelkeit, als sei sie euch im Überflusse zuerteilt. Wem ein Jahr Lebensfrist zugewiesen ist, der hat, wenn auch wenig, so doch etwas Sicheres. Wer aber unter der Herrschaft des stets ungewissen Todes steht – und ihr Sterblichen alle befindet euch in dieser Lage —, der ist nicht eines Jahres, nicht eines Tages, ja nicht einmal einer ganzen Stunde sicher. Wer ein Jahr zu leben hat, der kann davon sechs Monate verlieren, es bleibt ihm immer noch ein halbes Jahr. Wenn dir aber dieser eine Tag verlorengeht, wer bürgt dir für den morgigen? Es ist ein Wort Ciceros: »Daß wir sterben müssen, ist uns gewiß; aber ungewiß ist uns schon, ob wir noch an diesem Tage sterben werden. Es gibt keinen Menschen, und mag er noch so jung sein, der sicher wüßte, daß er den Abend noch erleben wird.« Ich frage also dich und mit dir alle Menschen, die auf kommende Zeiten hoffen und die gegenwärtigen verscherzen:

Quis scit an adiciant hodiernae crastina vitae
Tempora di superi?
[Kennst du der Himmlischen Rat und weißt's, dir werde zum Heute
Sicher der Morgen gefügt?]

Franciscus: Niemand weiß das, antworte ich für mich und alle Menschen. Aber ein Jahr wenigstens dürfen wir doch immer noch erhoffen. Denn wie Cicero sagt, ist niemand so alt, daß er nicht hoffen dürfte, noch ein Jahr zu leben.

Augustinus: Aber wie derselbe Cicero glaubt, ist nicht nur die Hoffnung der Greise, sondern auch die der Jünglinge töricht, wenn sie sich Ungewisses als gewiß versprechen. Aber geben wir einmal das Unmögliche zu und setzen den Fall, es sei dir eine hinreichend große, sichere Spanne Zeit noch zugemessen. Wie sinnlos wäre es dann, die schönsten Jahre und die beste Zeit des Lebens dazu zu verwenden, fremden Augen zu gefallen und fremden Ohren zu schmeicheln? Und nur die letzten und schlechtesten und fast zu allem unnützen Zeiten, die dir mit dem Lebensende auch den Lebensüberdruß bringen werden, für Gott und dich selbst aufzubewahren, als sei die Freiheit deiner Seele die letzte aller deiner Sorgen? Gesetzt auch den Fall, die Zeit wäre dir sicher, schiene es dir dann nicht wider alle natürliche Ordnung, das Bessere hintanzusetzen?

Franciscus: Für meine Ansicht spricht doch einiger Grund. Ich denke so: Den Ruhm, den wir auf Erden erhoffen dürfen, den müssen wir auch, solange wir auf Erden sind, erstreben. Den höheren Ruhm und die größere Ehre werden wir dann einst im Himmel genießen, und wer dorthin kommt, wird des irdischen nicht einmal mehr gedenken wollen. Es ist wohl die natürliche Ordnung, daß der Mensch sich auf Erden zuerst um die irdischen Dinge müht; geht er dann hinüber, so mögen die Sorgen für das Ewige folgen. Das ist doch der naturgemäßeste Fortschritt vom einen zum andern, während es umgekehrt keinen Rückschritt mehr geben kann.

Augustinus: Du törichtes Menschenkind! Was Himmel und Erde an Freuden umfassen, das glaubst du, werde auf deinen Wink dir zuteil, und erhoffst dir das glücklichste Schicksal? Aber Tausende von Menschen hat schon tausendmal diese Hoffnung bitter getäuscht, zahllose Seelen hat sie schon in der Hölle begraben. Denn die da glaubten, den einen Fuß auf die Erde, den andern in den Himmel setzen zu können, die konnten weder hier stehen bleiben noch dorthin aufsteigen. Die Bejammernswerten stürzten in die Tiefe; das flüchtige Leben verließ sie plötzlich mitten in der Blüte ihrer Jahre und mitten im Drange der Geschäfte. Und du glaubst, was so vielen geschehen, könne nicht auch dir einst werden? Wie, wenn auch du – was Gott verhüten möge – vielleicht mitten in deinen vielen Geschäften zusammenbrechen würdest? Welcher Schmerz, welche Schmach! Zu spät käme die Reue. Weil du zwei Dinge erstrebt, hast du beide verloren.

Franciscus: Es erbarme sich der Allerhöchste, daß mir dies nicht geschehe!

Augustinus: Ja, möge Gottes Barmherzigkeit dich davor bewahren! Deine Torheit freilich ist damit noch nicht entschuldigt. Doch sollst du nicht allzuviel von der göttlichen Barmherzigkeit erhoffen. Denn wie Gott die Verzweifelnden haßt, so spottet er der vermessentlich Hoffenden. – Es schmerzt mich, aus deinem Munde hören zu müssen, daß die Ansicht der Philosophen in diesem Punkte als ein Märchen, wie du es nanntest, verachtet werden dürfe. Ich frage dich: Ist es ein Märchen, wenn mit geometrischen Messungen der enge Raum der ganzen Erde bestimmt und nachgewiesen wird, daß sie nur ein schmales, kleines Inselchen ist? Oder wenn bewiesen wird, daß von den sogenannten Zonen der Erde die mittlere und größte infolge der Gluten der Sonne, die beiden äußersten zur Rechten und zur Linken wegen der fürchterlichen Kälte und des ewigen Eises für die Menschen unbewohnbar seien, daß nur die beiden übrigen, dazwischenliegenden, den Menschen eine Wohnstätte bieten können? Oder wenn festgestellt wird, daß die andere Hälfte der bewohnbaren Erde unter euren Füßen durch ein unzugängliches Meer euch verschlossen bleibt? – Du weißt, welch großer Streit einst unter den Gelehrten darüber entbrannte, ob dieser Teil der Erde von Menschen bewohnt sein könne. Meine Ansicht hierüber habe ich in den Büchern über die ›Gottesbürgerschaft‹ niedergelegt, die du ja zweifellos gelesen hast. – Oder wenn bewiesen wird, daß nicht einmal der den Menschen zugemessene Teil der Erde in seinem ganzen Umfang bewohnbar ist, daß vielmehr, wie einige wollen, der Zugang zu der einen Hälfte euch durch die Fluten des nördlichen Ozeans verwehrt bleibt? Oder ist es ein Märchen, wenn die Wissenschaft nachweist, wie klein der von euch bewohnte Teil der Erde ist? Wie er durch Meere, Sümpfe, unwirtliche Wälder und sandige Wüsten immer kleiner wird, wie es fast in ein Nichts zusammenschrumpft, das winzige Stückchen Erde, auf das ihr so stolz seid? Wenn sie ferner beweist, daß es selbst auf diesem engen Raum, wo Menschen wohnen, die mannigfaltige Verschiedenheit der Sitten, Lebensart, Religionen und Sprachen dem einzelnen fast unmöglich macht, seinen Ruhm weithin zu verbreiten? Wenn dir das alles Märchen sind, so ist auch das ein Märchen, was ich mir von dir versprochen habe. Ich glaubte, keinem sei dies bekannter als dir. Denn ganz zu schweigen von den Lehren eines Cicero und Vergil und von andern Büchern naturwissenschaftlichen, philosophischen und dichterischen Inhaltes, aus denen dir doch diese Anschauungen vertraut sein müßten, wußte ich doch, daß du selbst erst neulich in deiner ›Africa‹ diesen Gedanken in so schönen Versen ausgedrückt hast, als du schriebst:

angustis arctatus finibus orbis
insula parva situ est, curvis cum flexibus ambit
Oceanus.
[... ist doch die Erde, von engen Grenzen umschlossen,
Nur eine ärmliche Insel, die rings des gewaltigen Meeres
Fluten umrauschen.]

Und noch andere Worte fügtest du hinzu. Wenn du dies alles für falsch hältst, wundere ich mich, daß du es so fest behaupten konntest. Was soll ich noch von der Flüchtigkeit des menschlichen Ruhms und von den engen Grenzen der Zeit reden? Du weißt ja selbst, wie kurz, wie wenig weit selbst das Gedächtnis an die ältesten Zeiten zurückreicht im Vergleich mit der Ewigkeit. Ich will dich auch nicht an die Ansichten alter Philosophen erinnern, welche von der häufigen Veränderung der Erde durch Feuer und Wasser reden, wovon Platons ›Timaios‹ und des Cicero sechstes Buch ›Vom Staate‹ handeln. Denn solche Gedanken sind der wahren Religion, die du bekennst, fremd. Aber wieviel Dinge gibt es außerdem noch, die eine lange Dauer oder gar Ewigkeit des Ruhms unmöglich machen: der Tod der Menschen, unter denen du dein Leben verbracht, das Vergessen, der alten Leute natürliches Übel; das Emporblühen des Ruhms anderer Menschen, deren neuer Glanz so oft das Ansehen ihrer Vorgänger in Schatten stellt; denn je mehr man frühere Größen herabsetzt, um so mehr glaubt man sich selbst zu erhöhen. Dazu kommt der Neid, der alle diejenigen ohne

Unterlaß verfolgt, die nach ruhmreichen Taten streben; der Haß auf Tüchtigkeit und das mangelhafte Verständnis, das der Pöbel dem Leben großer Geister entgegenbringt; die Wankelmütigkeit des öffentlichen Urteils, der Untergang alter Grabdenkmale, die zu zerstören, wie Juvenal sagt:

ad quae
discutienda valent sterilis mala robora ficus
[freilich wilder Feigen zerstörende Kraft zu spalten imstande]

– was du selbst in deiner ›Africa‹ nicht unfein den »zweiten Tod« nennst. So rede nun ich dich mit denselben Worten an, die du dort einem andern in den Mund legst:

Mox ruet et bustum, titulusque in marmore sectus
occidet: hinc mortem patieris, nate, secundum.
[Bald stürzt dein Grab und mit ihm dein Name in Marmor gegraben –
So wirst du, Sohn, den Tod zum zweiten Mal erdulden].

Ist das nicht ein herrlicher, unsterblicher Ruhm, der mit dem Sturze eines Marmorblockes zugrunde geht? Und dann denke an die Vernichtung der Bücher, in denen dein Name, von eigener oder fremder Hand geschrieben, zu lesen ist. Wohl scheint deren Untergang erst spät zu erfolgen, denn ein Buch pflegt von längerer Dauer zu sein als ein steinernes Grabmal; aber unausbleiblich ist auch ihre Vernichtung bei den unzähligen Tücken der Natur und des Schicksals, denen wie alles andere so auch die Bücher unterworfen sind. Und wäre dies auch nicht der Fall, so werden doch endlich auch Alter und Tod über sie kommen.

mortalia namque
esse decet quaecunque labor mortalis inani
edidit ingenio,
[Denn sterblich ist alles,
was je des Menschen Geist in eitlem Fleiße geschaffen.]

Auch hier kann ich deinen kindischen Irrtum am besten mit deinen eigenen Worten widerlegen, und ich werde nicht aufhören, dir deine eigenen Verse immer wieder ins Gedächtnis zurückzurufen:

libris equidem morientibus ipse
occumbes etiam; sic mors tibi tertia restat.
[Gehn dann die Bücher zugrunde, so schwindest mit ihnen
Du auch. Und dies ist der dritte Tod, der deiner noch wartet.]

Nun kennst du mein Urteil über den Ruhm. Ich mußte mehr Worte machen, als es bei mir und bei dir bedürfte; noch immer zu wenig für die Wichtigkeit des Gegenstandes. Doch vielleicht scheint dir auch dies alles nur ein Märchen zu sein?

Franciscus: Durchaus nicht; auch hat es meine Seele nicht berührt wie ein Märchen, sondern hat in mir von neuem das Verlangen geweckt, die alten Sünden von mir zu werfen. Zwar war mir alles schon längst bekannt, was du mir sagtest – denn wie Terenz sagt:

nullum est iam dictum quod non sit dictum prius
[Es gibt kein Wörtchen, das nicht früher schon gesprochen ward.]

doch machte auf mich die Würde deiner Rede, die Reihenfolge der Erzählung und das Ansehen des Redenden selbst einen tiefen Eindruck. Nun möchte ich aber in dieser Sache noch deinen letzten Rat hören: Willst du, daß ich alle meine Arbeiten aufgebe und fortan ein ruhmloses Leben führe, oder weißt du einen Mittelweg?

Augustinus: Ich werde dir nie raten, ruhmlos zu leben, aber immer wieder werde ich dich ermahnen, den Ruhm nicht der Tüchtigkeit vorzuziehen. Du weißt, daß der Ruhm gleichsam der Schatten der Tüchtigkeit ist. Denn wie bei euch Menschen der Körper, wenn er von der Sonne beschienen wird, einen Schatten werfen muß, so muß auch die Tüchtigkeit, von Gott beleuchtet, den Schatten des Ruhmes erzeugen. Wer also den wahren Ruhm aufgeben wollte, der müßte zugleich die Tüchtigkeit aufgeben, und ohne diese ist ja das menschliche Leben öde und leer und dem Leben der unvernünftigen Tiere ähnlich, völlig unterworfen den lockenden Begierden, worin allein das Leben der Tiere aufgeht. Dies sei dir ein immer gültiges Gesetz: »Pflege die Tüchtigkeit und verachte den Ruhm.« Der Ruhm wird dir dann, wie Marcus Cato gesagt haben soll, um so eher zuteil werden, je weniger du ihn erstrebst. Es treibt mich wieder, mit deinen eigenen Worten dich zu belehren:

illa vel invitum, fugias licet, illa sequetur.
[Ob du ihn fliehst und verachtest, der Ruhm wird immer dir folgen.]

Kennst du den Vers? Er ist von dir. Töricht wäre es in der Glut der Mittagsonne unter vielen Mühsalen umherzulaufen, um seinen Schatten zu sehen und ihn andern zu zeigen. Um nichts vernünftiger ist aber jener, der am heißen Mittag des Lebens unter noch viel größeren Mühsalen umherliefe, um seinen Ruhm in alle Weiten zu verbreiten. Warum sollte er laufen, um sein Ziel zu erreichen, da doch sein Schatten stets mit ihm geht? Arbeiten soll er, um in der Tüchtigkeit fortzuschreiten, und seiner Arbeit wird als Lohn der Ruhm nicht fehlen. Soviel von dem Ruhm, dem Gefährten der wahren Tüchtigkeit. Jene andere Art von Ruhm, der durch Fertigkeiten des Leibes oder Geistes verdient wird, wie sie zu Tausenden der Menschen Eitelkeit ersonnen, ist ja seines Namens nicht würdig. Darum – verzeihe, wenn ich es dir offen sage – bist auch du in einem großen Irrtum befangen, der du dich in diesem Alter so mit Bücherschreiben abquälst: dich selbst hast du vergessen und widmest dich nun ganz fremden Dingen. So zerrinnt dir, ohne daß du es fühlst, die kurze Lebenszeit unter eitlem Hoffen auf Ruhm.

Franciscus: Was soll ich also tun? Soll ich meine Arbeiten unvollendet liegenlassen? Oder ist es besser, sie zu beschleunigen und mit Gottes Hilfe zu vollenden, um dann, frei von allen Sorgen, mich unbehindert Höherem zu widmen? Es wird mir schwerfallen, mich von einem so großen und wichtigen Werk mitten in der Arbeit zu trennen.

Augustinus: Ach, ich sehe, woran es fehlt. Lieber willst du dich selbst verlassen als deine Büchlein. Aber ich werde meine Aufgabe durchführen – ob mit Erfolg, das liegt an dir –, auf jeden Fall in treuer Pflichterfüllung. Wirf die Lasten von dir, die du dir mit der Geschichtsschreibung aufgebürdet hast. Zur Genüge schon ist die römische Geschichte beleuchtet, sie erstrahlt in eigenem Glanz und in der Geistesarbeit anderer. Laß deine ›Africa‹ ruhen. Weder deinem Scipio noch dir wirst du den Ruhm vermehren; er kann nicht höher erhoben werden, und dir ist es schwer, neben ihm zu glänzen. Sage dich von allem los, gib dich endlich dir selbst wieder und – um wieder auf meine Mahnung zurückzukommen – fange an, an deinen Tod zu denken, dem du, auch wenn du es nicht merken willst, allmählich immer näher kommst. Zerreiße den Schleier, zerstreue alle Finsternis und blicke ihm unverwandt ins Auge. Laß keinen Tag und keine Nacht vergehen, ohne deiner letzten Stunde zu gedenken. Was dir vor die Augen und in den Sinn kommt, das bringe zu jenem Gedanken in Beziehung. Himmel und Erde und Meere vergehen, was will der Mensch, das schwächste Geschöpf, Besseres erhoffen? Ruhelos vollzieht der Wechsel der Zeiten seinen Lauf. Du irrst dich, wenn du glaubst wandellos bleiben zu können, oder wie Horaz so schön sagt:

Damna tamen celeres reparant caelestia lunae;
  Nos ubi decidimus ...
[Eilends füllen sich wohl die himmlischen Monde von neuem,
  Doch wir vergehen auf immer ...]

Sooft du siehst, wie auf die Frühlingsblumen die Sommersaaten, auf die Sommerhitze die Kühle des gesunden Herbstes, auf die Weinlese der Winterschnee folgt, sollst du bei dir denken: Sie gehen vorüber, aber noch oft werden sie wiederkehren; ich aber werde gehen ohne Wiederkehr. Sooft du bei Sonnenuntergang der Berge Schatten wachsen siehst, sage bei dir selbst: Nun da das Leben fliehen will, verbreiten sich die Todesschatten. Die Sonne wird freilich morgen wiederkehren, dieser Tag aber ist mir unwiederbringlich dahin. Wer vermag sie zu schildern, die Schönheit einer heiteren Nacht – den Verbrechern die günstigste, den Frommen die heiligste Zeit? Dann mache es wie der Meister der phrygischen Flotte bei Vergil, denn nicht sicherer durchfährst du das Meer als er mitten in der Nacht:

sidera cuncta notat tacito labentia caelo ...
[Jedes Zeichen vermerkt er, das hoch am schweigenden Himmel wandert.]

Wenn du dann siehst, wie sie gen Westen sich neigen, dann wisse, daß du mit ihnen sinkst und daß dir keine Hoffnung mehr bleibt als auf den ewig Unbeweglichen, der keinen Untergang kennt. Und wenn du siehst, wie die, die du eben noch als Knaben gesehen hast, die Stufen des Alters emporsteigen, dann denke daran, daß du auf der andern Seite hinabsteigst, und zwar immer schneller, wie es in der Natur eines fallenden Körpers liegt. Siehst du die Mauern eines alten Hauses, so frage dich: Wo sind die, deren Hände sie aufgerichtet? Siehst du ein neues Haus, so frage dich: Wo werden sie in Bälde sein, die es gebaut? Ähnlich denke bei Bäumen, von deren Zweigen oft der die Früchte nicht pflükken darf, der sie gepflanzt und gepflegt. Wie vielen Menschen schon hat der Vers Vergils gegolten:

Tarda venit seris factura nepotibus umbram
[Langsam wächst er und spendet erst spät den Enkeln den Schatten.]

Siehst du bewundernd den schnellen Lauf eines Flusses, so denke deiner eigenen Verse – ich brauche dich an keine fremden zu erinnern:

Flumina nulla quidem cursu leviore fluunt quam
tempus ab it vitae.
[Fließt doch kein eilender Fluß in schnellerem Lauf zu Tale
Als unseres Lebens Zeit.]

Laß dich nicht täuschen durch die Menge der Tage und aller der Teile, in die man sorgsam die Zeit zerlegt. Das ganze Leben des Menschen, währe es auch noch solange, ist gleich einem einzigen, vielleicht nicht einmal vollen Tage. Denke an jenes Gleichnis aus Aristoteles, das dir, wie ich schon wahrnahm, so sehr gefällt und das du nie ohne tiefen Eindruck zu lesen pflegst. Du findest es bei Cicero in den ›Tuskulanen‹, vielleicht etwas klarer und redegewandter, aber ungefähr in folgendem Wortlaut: »Bei dem Fluß Hypanis, der an der Küste von Europa in den Pontus fließt, werden, wie Aristoteles beschreibt, gewisse Tierchen geboren, die nur einen einzigen Tag leben. Die schon bei Sonnenaufgang sterben, sterben als Jünglinge, die um die Mittagszeit, als Erwachsene, und die am späten Abend, besonders zu der Zeit der längsten Tage, sterben als abgelebte Greise. Vergleiche damit unser ganzes Leben – ist es nicht ebenso kurz?« So jener. Dieser Gedanke ist so wahr, daß er aus dem Munde der Philosophen schon längst den Weg zum Volk gefunden hat. Hast du noch nicht gehört, wie es selbst bei unwissenden und ungebildeten Leuten eine stehende Redensart geworden ist, von einem Knaben zu sagen: »Dem geht die Sonne auf«, von einem erwachsenen Manne: »Der steht auf seiner Mittagshöhe – bei dem ist's um die neunte Stunde«, von einem müden, greisen Menschen: »Bei dem wird's Abend, Sonnenuntergang«? Dies also, mein lieber Sohn, und was dir sonst dergleichen in den Sinn kommt, erwäge stets bei dir. Denn viele ähnlichen Gedanken gibt es; hier habe ich nur angeführt, was mir eben ins Gedächtnis kam. Und eine wichtige Bitte habe ich noch: Betrachte häufig und aufmerksam die Gräber Verstorbener, die noch mit dir gelebt, und mache dir klar, daß dir derselbe Platz, dieselbe ewige Wohnung schon bereitet sei.

> Tendimus huc omnes. Haec est domus ultimus cunctis.
> [Dorthin gehen wir ja alle; das ist unser letztes Haus.]

Du schreitest jetzt stolz auf dein blühendes Leben über fremde Gräber, wie bald wird man über dein Grab schreiten! Solche Gedanken laß Tag und Nacht in dir lebendig sein, nicht nur wie ein vernünftiger Mensch, der sich seiner selbst und seiner Grenzen bewußt ist, sondern wie es einem Philosophen ziemt. So wirst du die Wahrheit des Satzes erweisen, daß das ganze Leben des Philosophen ein Denken an den Tod sei. Dieser Gedanke wird dich lehren, alles Irdische zu verachten, und dir einen neuen Lebensweg zeigen, den du gehen sollst. Du fragst: Welches ist dieser Weg?

Wie gelange ich zu ihm? Und ich antworte dir: Langer Ermahnungen bedarfst du nicht; höre nur auf den Geist, der dich ruft und dir mahnend sagt: »Dies ist der Weg ins Vaterland.« Du weißt, was er dir sagen will, welche Wege und Abwege er dir zeigt, die du gehen oder meiden sollst. Ihm folge, wenn du gerettet und frei sein willst. Da braucht es nicht langer Erwägungen, die drohende Gefahr verlangt eine frische Tat. Der Feind droht dir im Rücken und greift dich vorne an, die Mauern, die dich umgeben, wanken – nicht länger darfst du zögern. Was nützt es dir, andern süße Lieder zu singen, wenn du nicht auf dich selbst hörst? Noch einmal zum Schluß: Fliehe die gefährlichen Klippen und bringe dich in Sicherheit, folge den Mahnungen deiner eigenen Seele; so niedrig sie sind, wenn sie dich zum Laster rufen, so herrlich sind sie, wenn sie dich den Weg der Ehre führen.

Franciscus: Oh, hättest du mir dies alles früher gesagt, ehe mein Geist sich durch diese Arbeiten fesseln ließ!

Augustinus: Ich habe es dir oft gesagt und habe dir damals, als ich dich zum ersten Male zur Feder greifen sah, vorausgesagt, daß das Leben kurz und ungewiß sei, die Mühe aber lang und gewiß, daß das Werk groß, der Erfolg aber klein sein werde. Deine Ohren aber waren voll vom Gerede des Pöbels, das du gehaßt und auf das du doch, wie ich staunend sah, gehört hast. Doch wir haben genug geredet. Ich bitte dich nun, wenn du etwas Wertvolles von mir erfahren hast, so laß es nicht träge und ungenutzt in dir verkümmern; was ich dir aber Hartes sagen mußte, das verzeihe mir.

Franciscus: Und ich danke dir von Herzen wie für vieles andere, so besonders für dieses dreitägige Gespräch. Du hast die Blindheit von meinen Augen genommen und die dichten Nebel meines Irrtums zerstreut. Wie soll ich aber jener danken, die sich nicht ermüden ließ durch unser langes Reden, sondern bei uns ausgeharrt hat bis zum Ende? Hätte sie einmal ihr Antlitz von uns weggewandt, so wären wir, von Finsternis bedeckt, auf Irrwege geraten, keine Wahrheit hätte deine Rede dann enthalten, noch hätte mein Geist sie erfaßt. Und nun, da eure Wohnung der Himmel, mein Aufenthalt aber noch immer auf Erden ist – mit Angst denke ich daran, wie lange er noch währen wird –, so bitte und beschwöre ich euch: Verlaßt mich nicht, so große Klüfte uns auch trennen mögen! Ohne dich, mein Vater, wäre mein Leben öde und traurig, ohne jene aber nichtig.

Augustinus: Sei überzeugt, daß dir die Bitte gewährt ist. Doch verlasse dich selber nicht, sonst würden auch alle andern dich mit gutem Recht verlassen.

Franciscus: Ich will bei mir selbst bleiben, soviel ich kann, will die Trümmer meiner Seele sammeln und mit allem Ernste Einkehr halten bei mir selbst. Freilich jetzt, da wir reden, warten meiner noch viele und große, wenn auch nur irdische Geschäfte.

Augustinus: Groß und wichtig mögen sie vielleicht der Menge erscheinen. Aber wahrlich, es gibt nichts Nützlicheres und Fruchtbareres für dich als jene innere Einkehr. Alle andern Gedanken können überflüssig sein; dieser eine aber ist notwendig, das beweist das unausbleibliche Ende.

Franciscus: Gewiß und gerade deshalb werde ich mich mit solchem Eifer auf diese Arbeiten werfen, um mich dann, wenn diese erledigt sind, ganz meiner großen Aufgabe zuzuwenden. Ich sehe ja wohl ein, daß es für mich, wie du vorhin sagtest, viel sicherer wäre, mich dem einen großen Gedanken hinzugeben und ohne alle Abschweifungen den geraden Weg des Heiles zu gehen – aber ich vermag meine Begierden nicht zu zügeln.

Augustinus: Wir fallen zurück in den alten Streit; du sprichst von Unmöglichkeit, wo nur dein guter Wille fehlt. Doch mag es so sein, da es nicht anders sein kann. Demütig will ich Gott bitten, daß er dich auf deinen Wegen geleite und deine Schritte trotz allen Schwankens sicher lenke.

Franciscus: Möge mir erfüllt werden, was du mir erbittest: daß ich an Gottes Hand den Weg aus diesen Wirren finde, daß ich gehe, wohin mich seine Stimme ruft und mir nicht mehr selbst Sand in die Augen streue! Mögen sich die Stürme meiner Seele legen, die Welt rings um mich schweigen und mein Geschick mir nicht entgegenwirken.

So endet das Dritte Buch
des Herrn Franciscus Petrarca
vom geheimen Widerstreit
seiner Sorgen.

KOMMENTAR

Federzeichnung Petrarcas und handschriftliche Notiz: »transalpina solitudo mea iocundissima« (meine liebliche Einsamkeit jenseits der Alpen)

9 Francesco Petrarca hat einen Brief an die Nachwelt gerichtet, so wie er auch Briefe an sein stilistisches Vorbild Cicero geschrieben hat. Daraus spricht ein ganz eigentümliches Verhältnis zur historischen Zeit und zum Ruhm. Dieser Brief ist wie das ›Secretum‹ von Hermann Hefele (Jena 1910, [2]1925) übersetzt und hier vom Herausgeber durchgesehen.

Den ›Brief an die Nachwelt‹ (Posteritati) hat Petrarca wahrscheinlich 1367 in einer ersten Fassung geschrieben und 1370/71 ergänzt, um ihn an den Schluß der Altersbriefe (Rerum senilium) zu setzen. Er berichtet über Petrarcas Leben bis 1351, also bis in die Lebensphase, in der das ›Secretum‹ entstand.

Kaiser Augustus: so überliefert es Sueton in den *Cäsarenleben*, Augustus, 2.

10 *Zeitperiode*: Petrarca hat selbst mehr als jeder andere zur Bildung des Begriffs Mittelalter und indirekt zu der ›Neuzeit‹ danach beigetragen, aber in allen traditionellen Chronologien (den drei Epochen: vor und unter dem Gesetz und unter der Gnade, den vier Weltmonarchien oder den sechs Aetates, die Augustinus bevorzugte), begann die letzte Periode mit der Geburt Christi (vgl. Horst Günther, Zeit der Geschichte, Frankfurt/M. 1993).

Apicius: unter seinem Namen firmiert das römische Kochbuch *De re coquinaria libri X*; er war ein Gourmand unter Tiberius.

11 *Name der Freiheit*: Petrarca begegnet damit denen, die ihm vorwarfen, die Gastfreundschaft des »Tyrannen« von Mailand, des Erzbischofs Giovanni Visconti, 1353 angenommen zu haben.

12 *Kaiser Augustus*: Sueton, *Cäsarenleben*, Augustus, 87.

vor denen ich gesprochen: Anspielung auf Petrarcas diplomatische Missionen in Venedig (1353) oder Paris (1361).

13 *Ancisa*: ital. Incisa, im Arnotal.

15 *Giacomo Colonna* (1301-1341) wurde 1328 zum Bischof von Lombez in der Gascogne gewählt; Giovanni Colonna (1300-1348) war 1327 von Papst Johannes XXII. zum Kardinal ernannt worden. Bei ihm war Petrarca Hauskaplan von 1330 bis zu dem wegen Cola di Rienzi erfolgten Bruch im Jahre 1347.

nach Rom: 1337, im Sommer dieses Jahres zieht er nach Vaucluse.

16 *zwei Bücher vom einsamen Leben*: *De vita solitaria*, Philippe de Cabassole gewidmet, der 1370 Kardinalbischof von Sabina wurde und 1372 starb.

17 *ehe es bekannt war*: das Epos *Africa* blieb unvollendet und wurde nach Petrarcas Tod veröffentlicht. Nur das Fragment über den Tod des Mago (6, 885-918) wurde 1343 kurz nach dem Tod des Königs Robert von Anjou in Neapel bekannt.
zwei Briefe: am 1. September 1340.

19 *Dichterlorbeer*: am 8. April 1341.

20 *Jacopo di Carrara*: beherrschte Padua von 1345 bis 1350, als er ermordet wurde. Sein Sohn Francesco (regierte 1355-1388) war der letzte große Beschützer Petrarcas.

Secretum: Das erste Buch

23 Petrarca schrieb das *Secretum. De secreto conflictu curarum mearum* (›Über den geheimen Widerstreit meiner Sorgen‹) wahrscheinlich 1348, im Jahr der großen Pest, arbeitete 1349 weiter daran und vollendete es 1353. Die Übersetzung von Hermann Hefele (Jena 1910, ^{2}1925, mit dem Titel ›Gespräche über die Weltverachtung‹ – nach dem apokryphen *De contemptu mundi* –) wurde für diese Ausgabe vom Herausgeber durchgehend überarbeitet und anhand der kritischen Editionen von Ugo Dotti (Mailand 2000) und Antonietta Bufano (Turin 1975) überprüft und korrigiert.
Petrarca unterscheidet seine zahlreichen Zitate nach der Form: die poetischen, die metrisch sind, werden auch typographisch hervorgehoben, die in Prosa sind in den Text eingebunden. Die poetischen Zitate sind hier im lateinischen Original dargeboten und in der geltenden Orthographie. Petrarca schreibt das Latein mit einigen Varianten (so ›michi‹ und ›nichil‹ statt ›mihi‹ und ›nihil‹; ›levus‹ statt ›laevus‹, ›cuntus‹ statt ›cunctus‹) die auch auf die Aussprache schließen lassen. Die Übersetzungen der poetischen Zitate folgen, wo immer es möglich ist, klassischen deutschen Übersetzungen, Wieland für die Episteln und Satiren des Horaz, Rudolf Alexander Schröder für Vergil und die Oden des Horaz.

25 Die Inszenierung der Vorrede orientiert sich an Boethius' *De consolatione Philosophiae* (Trost der Philosophie, 524 n. Chr.) einem der meistgelesenen Bücher des Mittelalters. Dort erscheint dem eingekerkerten Autor die Philosophie als leuchtende Frau zeitlosen Alters, um ihn durch Gespräche von seinen Sorgen zu heilen. Boethius war Christ und hat neben philosophischen auch theologische Abhandlungen verfaßt, als er aber von König Theoderich wegen des Verdachts auf Hochverrat verhaftet und ungehört zum Tode verurteilt wurde, bot allein die heidnisch-antike Philosophie noch 100 Jahre nach den Schriften des Augustinus ihm die Möglichkeit, sich denkend über seine Lage zu erheben.

Wort des Vergil: so spricht Aeneas in der auch in der Folge häufig zitierten Aeneis 1, 327-28 die Erscheinung der Liebesgöttin Venus an.

in unserem Epos ›Africa‹: Petrarca stellte die Taten des älteren Scipio (235-183 v. Chr., mit dem Beinamen Africanus maior, der 202 bei Zama den entscheidenden Sieg über Hannibal errang) in seinem lateinischen Epos ›Africa‹ dar. Der Gedanke dazu kam ihm bei einer Wanderung in den Bergen am Karfreitag des Jahres 1338 oder 1339. 1341 zeigt er König Robert in Neapel das Manuskript, und bei einer anderen Bergwanderung von Parma aus erwachte die Begeisterung noch einmal, und er setzte das Werk fort (1341), wie er im ›Brief an die Nachwelt‹ berichtet. Das heroische Epos galt bis weit in die Neuzeit hinein (Tasso, Milton, Klopstock) als die höchste poetische Gattung; die ›Africa‹ war somit auch der Anlaß zur Dichterkrönung in Rom 1341.

Amphion: erbaute Theben nach der Zerstörung wieder auf. Der Mythos erzählt, »daß er durch die Töne seiner Leier die Steine selbst bewegt habe, sich zusammenzufügen und zu Mauern und Türmen sich zu bilden«. (K. Ph. Moritz, *Götterlehre*, S. 260).

herrlichen Palast: nicht der Wahrheit, sondern dem König Syphax gehört der Palast in der erhaltenen Fassung der ›Africa‹, 3, 87-264.

26 *Augustinus*: der bis heute wirkungsvollste »Kirchenvater« Aurelius Augustinus (354 Tagaste/Numidien – 430 Hippo) ist mit seinen *Confessiones* (Bekenntnisse) der Erwecker von Petrarcas In-

trospektion und ein ständiger innerer Gesprächspartner, über die Jahrhunderte hinweg, in der gemeinsamen Literatursprache des Latein.

27 *leiblicher Kerker*: Philosophie heißt, Geist und Seele vom Leib und den Sinnen zu unterscheiden und unabhängig zu machen; so lehrten es Platon und die Neuplatoniker, auch Cicero hat es verbreitet, *Tuskulanen* 1, 31, 75.

Erfahrung der Leidenschaften: Augustinus ist kein bloßer Prediger, er leitet seine Autorität als Seelenarzt aus dem heftigen Durchleben der Leidenschaften ab, die er in den *Confessiones* aus der Rückschau des Bekehrten darstellt.

28 *meinen anderen Werken*: Petrarca hat das *Secretum* wirklich zu seinen Lebzeiten als geheim behandelt, als ein Dokument des Selbstzweifels und der Heilung.

Cicero: *De amicitia* 1, 3.

von Platon: der hat, analog zum griechischen Drama, das Denken mit verteilten Rollen im Dialog erfunden.

33 *Cicero*: es ist eine in der antiken Philosophie weitverbreitete Auffassung, die Cicero vor allem im 5. Buch der *Tuskulanen* dem lateinischen Leser vermittelt hat.

34 *Macte nova virtute*: Vergil, *Aeneis*, 9, 641; mit diesen Worten begrüßt Apoll den jungen Ascanius von seinem Sitz in den Wolken aus und deutet auf Roms künftige Größe.

38 *wie oft ich wollte und nicht konnte*: es ist das Thema des ersten Buches und Grundproblem von Petrarcas seelischer Verfassung, daß er mit dem, was er selbst vermag, nicht zufrieden sein kann, daß er stets im Unerreichbaren voll Sehnsucht, Schmerz und Selbstmitleid schweift. Und damit steht er nicht allein, aber er zuerst hat diese Seelenlage analysiert.

39 *als ich wirklich wollte, konnte ich auch*: hier spielt der Text mit wörtlichen Entlehnungen auf die *Confessiones* des Augustinus an, 8. Buch, 8, 20 und 12, 28: die Qualen des Zweifels, die mit dem Augenblick der Bekehrung enden.

die Lorbeerkrone: Petrarcas Dichterkrönung auf dem Kapitol in Rom am 8. April 1341.

40 *mens immota manet*: Vergil, Aeneis 4, 449; hier sind es die Tränen der von Aeneas verlassenen Dido, aber Augustinus in *De civi-*

tate Dei (Gottesbürgerschaft) Buch 9, am Schluß des 4. Kapitels, bezieht es auf Aeneas selbst, und so auch Petrarca.

ein großer Weiser: der Satz findet sich in den *Saturnalien* des Macrobius, 2, 7, 10f. und in den *Noctes Atticae* des Aulus Gellius, 17, 14, 3f. und wird dem Publilius Syrus (1. Jh. v. Chr.) zugeschrieben, dessen Sentenzen Schulpensum wurden.

41 *velle parum est*: aus Ovids Briefen vom Schwarzen Meer, *Epist. ex Ponto* 3, 1, 35.

45 *ad te post paulum*: Horaz, *Episteln* 1, 18, 85.

49 *aus der Reihe der Philosophen*: Aristoteles, *Nikomachische Ethik*, Buch 3 (1115 a 26-27): »Das Schrecklichste aber ist der Tod« ...

51 *wenn du ... erstarrst ...*: es ist doch nicht, wie bei den antiken Philosophen, eine Arbeit der Vernunft, sondern ein Wirken der Leidenschaften, Affekte, was Augustinus hier lehrt.

53 *eripe me his*: Vergil, *Aeneis*, Buch 6, 365 und 370f. Es sind die Worte des Steuermanns Palinurus, der Aeneas beim Gang durch die Unterwelt um ein Grab anfleht.

55 *wie Cicero sagt*: hier täuscht Petrarca sein Gedächtnis; es ist nicht Cicero, sondern Seneca im 1. der *Briefe an Lucilius*.

des Dichters Wort: Vergil, *Aeneis*, Buch 10, 549.

me ne huic ...: Vergil, *Aeneis*, Buch 5, 849; es spricht wieder der Steuermann Palinurus.

56 *loquimur dum talia*: die Verse Petrarcas finden sich in keinem seiner erhaltenen Werke.

57 *deine Seele*: die platonische Strömung der antiken Philosophie hält seit Pythagoras und über die Stoa zum Neuplatonismus hin die Seele für himmlischen Ursprungs: erst ihre Verbindung mit dem Körper führt zu den störenden ›passiones‹, den Leidenschaften Furcht, Begierde, Schmerz und Lust. Augustinus erörtert die Verse Vergils, *Aeneis* 6, 730-734, in *De civ.*, 14, 3 und 21, 13; Cicero diese vier Leidenschaften in den *Tuskulanen*, Buch 3, 24-25.

58 *Wort des Apostels*: nicht Paulus, sondern die ›Weisheit Salomos‹ in den apokryphen Büchern des Alten Testaments, *Sap.* 9, 15, ist die Quelle.

59 *›Von der wahren Religion‹*: Augustinus, *De vera religione* gehörte 1342/43 zu Petrarcas Lektüre. Das Exemplar seiner bedeuten-

den (vor dem Buchdruck natürlich ausschließlich handschriftlichen) Bibliothek hat sich erhalten (Bibl. Nat., Paris, Cod. Par. lat. 2201). Petrarca beschreibt anschaulich sein intensives Lesen, die Forschung hat im Datum der Lektüre Probleme gefunden (Baron, 1985, S. 202-208).

an Platon und Sokrates anlehnen: Augustinus deutet hier darauf, daß die christliche, auf ein nahes Weltende orientierte Lehre nicht vollständig ist und für eine Ethik wie für eine Erkenntnis der Natur, der Seele und des Metaphysischen der griechischen Philosophie dringend bedarf.

Cicero sagt irgendwo: in den *Tuskulanen*, Buch 1, (16) 37-38. Die Rede ist von populären oder poetischen Vorstellungen von der Unterwelt, dem körperlichen Weiterleben der Seelen und den Eigenschaften der Götter.

Das zweite Buch

63 *aspice qui coeant populi*: der »vertraute Dichter« ist Vergil, *Aeneis* 8, 385 f., mit den Worten, die Venus an Vulkan richtet, als sie ihn um Waffen für Aeneas bittet.

66 *Seneca*: Lucius Annaeus S., 4-65 n. Chr., der Philosoph, Dichter und Politiker, in den *Briefen an Lucilius* 58, 1.

Cicero: *De finibus bonorum et malorum* 1, 3, 10.

Tuskulanen: *Tusc.* 2, 15, 35.

Seneca in seinen Deklamationen: es ist der Rhetor gleichen Namens, ca. 55 v.-40 n. Chr, der Vater des Philosophen, in den *Controversiae*, die auch *Declamationes* genannt werden, 1 praef. 6. Bis zum Beginn der Neuzeit unterschied man die beiden Seneca nicht.

67 *verschiedene Meinungen*: da man die Antike als Einheit auffaßte, war man über entgegengesetzte Auffassungen einer Sache doch irritiert.

Plutarch: es wird sich um die verlorene Schrift *Institutio Traiani* des Pseudo-Plutarch handeln (Martellotti 1983, S. 381 und Anm. 48).

arm an Worten: Petrarcas Ruhm bei seinen Zeitgenossen galt seinen Werken in lateinischer Sprache, die sich durch ganz Europa verbreiteten, und erst danach seiner italienischen Lyrik. Die Sprachkritik, der Streit über die Armut an Worten und entwickelten Redeweisen (sermonis penuria) ist eine herbe religiöse Abrechnung mit einer rhetorischen Kultur.

nec quae: Vergil, *Aeneis* 4, 561; es sind die Worte Merkurs an Aeneas, der sich von Karthago und der rasenden Dido entfernen soll.

Und was gefällt dir: Der Text nimmt einen Gedanken aus Boethius, *De consolatione Philosophiae*, Buch 2, 6, 5 auf.

68 *mors sola fatetur*: Juvenal, *Satire* 10, 172 f.

69 *Worte Ciceros*: *De officiis* (Vom rechten Handeln) 2, 21, 75.

70 *Kaiser Domitian*: Sueton, *Cäsarenleben*, Domitian 18, 3.

jenes philosophische Wort: Seneca, *Briefe an Lucilius*, 65, 21.

71 *Odimus...*: *Africa*, 1, 329 f.

73 *accusator erit*: Juvenal, *Satire* 1, 161.

obsequium amicos: Terenz, *Andria*, 1, 1, 68.

Vitae summa brevis: Horaz, *Carmina* 1, 4, 15.

74 *sit bona librorum*: Horaz, *Epistel* 1, 18, 109 f.

nec turpem senectam: Horaz, *Carmina* 1, 31, 19 f.

Sed quo divitias: Juvenal, *Satire* 14, 135-137.

75 *victum infelicem*: Vergil, *Aeneis* 3, 649 f. Es sind die Worte des Achemenides, den Odysseus und seine Gefährten auf der Insel der Zyklopen zurückließen.

76 *regum aequabat*: Vergil, *Georgica* 4, 130 f.

Tumult der Städte: hier setzt Augustinus das ruhige Landleben an der Quelle der Sorgue dem Lärm der von der päpstlichen Kurie und den Hofhaltungen vieler Kardinale angefüllten Stadt Avignon entgegen. Hier sind aber nicht nur biographische Anspielungen zu suchen, sondern eine antike literarische Tradition, die das arkadische unschuldige Leben mit der verderblichen Geschäftigkeit der großen Städte kontrastiert.

77 *atque inopi*: Vergil, *Georgica* 1, 186.

78 *frigusque famemque*: Juvenal, *Satire* 6, 360 f.

Wasser und Brot: Seneca im 25. *Brief an Lucilius*, § 4, bezieht sich auf Epikur.

79 *Widerhaken des Geizes*: lat. uncus ist nicht nur der Angelhaken, sondern der Haken, mit dem Verbrecher fortgeschleift wurden; ein harter Vergleich.

80 *Semper avarus eget*: Horaz, *Epistel* 1, 2, 56.

ein Gott werden: ein Wort des Sokratesschülers Xenophon, das der Grammatiker Censorinus (3. Jh. n. Chr.) überliefert, in *De die natali* (über den Einfluß der Gestirne und Genien auf die Geburt des Menschen) 1, 4.

83 *wie Cicero sagt*: *De senectute* (Vom Greisenalter) 2, 5.

85 *Ira furor brevis est*: Horaz, *Epistel* 1, 2, 62 f.

86 *peripatetische Schule*: Aristoteles und die von ihm begründete Tradition. Die Philosophenschulen, die man lange als ›Sekten‹ bezeichnete, wurden nach ihren Lebensregeln mehr als nach ihren Erkenntnistheorien beurteilt. Man versuchte Stoiker zu sein, und wenn man deren harten Vorschriften nicht folgen wollte oder konnte, so blieb die Alltagsethik der Aristoteliker.

Platon mit seiner göttlichen Lehre: die Schriften Platons waren noch wenig bekannt und auch das nur in lateinischen Übersetzungen. Hier ist der Gedanke im allgemeinen platonisch, seine Fassung aber stammt von Augustinus selbst, *De vera religione* (Von der wahren Religion) 3, 3. Petrarca lernte aber Griechisch und besaß Schriften Platons, vor allem den *Timaios*, mit lateinischen Teilübersetzungen.

87 *Abreise meines Lehrers*: des Mönchs Barlaam, der gerade kurz nach Beginn des Unterrichts Bischof in einer entfernten Diözese wurde.

Cicero in den Tuskulanen: *Tusc.* 1, 21, 49.

88 *»Gib mir Keuschheit«*: Augustinus, *Confessiones* 6, 11, 19-20 und 8, 7, 17-18.

89 *dem Apostel Paulus*: 2. Korinther 12, 9: »Laß dir an meiner Gnade genügen; denn meine Kraft ist in den Schwachen mächtig.«

90 *Quis cladem*: Vergil, *Aeneis*, Buch 2, 361-369.

91 *apparent dirae*: Vergil, *Aeneis*, Buch 2, 622 f.

92 *Seelenkrankheit*: Petrarca nennt sie ital. ›accidia‹ (die gewöhnliche Form dieser Trägheit, eines Lasters der Mönche, ist mlat. ›acedia‹, nach dem griech. akēdeia, Nachlässigkeit, Stumpfheit), die Alten ›aegritudo‹; vgl. dazu Raymond Klibansky, Erwin Panofsky und Fritz Saxl, *Saturn und Melancholie*, Frankfurt/Main 1990 u. ö., S. 359 f.

falsche Seligkeit: Lessing spricht 1765 in den ›Briefen, die neueste Literatur betreffend‹ im 332. (letzten) Brief davon, daß eine »wollüstige Melancholie« den »eigentlichen Charakter des Petrarca« ausmache, der selbst von »atra voluptas« (trüber Wollust) spricht.

93 *Festung meiner Vernunft*: eine beständige Vorstellung bei Petrarca, ein platonischer Gedanke in der Form, wie Cicero *Tusc.* 1, 10, 20 sie überliefert hat: »rationem in capite sicut in arce posuit«, ital. »rocca della ragione«, Felsen der Vernunft.

95 *deinem Geschick*: die ›Fortuna‹ ist von doppelter Gestalt, das gute und das üble Glück, Geschick oder Zufall. Petrarca hat über die Heilmittel von beiden ein eigenes Buch geschrieben: *De remediis utriusque fortunae* (seit 1354), dessen Titel in der deutschen, vom »Petrarcameister« illustrierten Ausgabe von 1532 lautet: *Von der Artzney bayder Glück, des guten und widerwärtigen.*

97 *dem Rate Senecas*: *Briefe an Lucilius*, 15, 10f.

98 *Auream ...*: Horaz, *Carmina* 2, 10, 5-8 und das folgende Zitat 9-12, das heißt die 2. und 3. Strophe dieser Ode über das goldene Mittelmaß.

100 *fluitem*: Horaz, *Epistel* 1, 18, 110, im folgenden Zitat die unmittelbar vorhergehenden Verse 106-108.

101 *Die Menschheit lebt ...*: das Wort Cäsars ist überliefert von Lukan, *Pharsalia* (*De bello civili*) 5, 343.

102 *Tücke des (...) Schicksals:* Petrarca hat Schiffbrüche und einen Überfall mit Brandstiftung auf sein Haus im Vaucluse erfahren, wovon er im ersten der Freundesbriefe spricht, *Familiares* 1, 1, 21 ff.

unruhigste Stadt der Welt: Avignon zur Zeit der päpstlichen Residenz, der »babylonischen Gefangenschaft der Kirche« von 1309 bis 1377.

103 *I nunc*: Horaz, *Epistel* 2, 2, 76.

scriptorum chorus: Horaz, *Epistel* 2, 2, 77.

silva placet Musis: Petrarca, *Epistola metrica* 2, 3, 43.

104 *Brief Senecas*: *An Lucilius* 56 und das Buch *De tranquillitate animi*, von Cicero das 3. Buch der *Tuskulanen.*

Merkzeichen: in die Buchrollen zu stecken, um wichtige Stellen rasch auffindbar zu machen, empfiehlt Augustinus selbst, *Soliloquia* (Selbstgespräche) 1, 1, 1 nach dem Vorbild Senecas im 6. *Brief an Lucilius* § 5.

105 *die Gelehrten*: es ist die platonische Lehre der Seelenvermögen, wiederum in der Darstellung Ciceros in den *Tuskulanen*, 1, 10, 20.
maria ac terras: Vergil, *Aeneis*, 1, 58 f. Petrarca hat von den Theologen die allegorische Deutung der Poesie und den mehrfachen Schriftsinn gelernt.

106 *Feuerskraft*: die Stelle hat Petrarca bereits im 1. Buch zitiert, Vergil, *Aeneis* 6, 730.
Hic vasto: die Stelle geht dem Zitat aus dem 1. Buch der *Aeneis* unmittelbar voraus (1, 52-57), der Rest von Vers 57 wird dann zitiert: mollitque animos et temperat iras.

107 wie *Cicero sagt*: *Tuskulanen* 4, 38, 83.

108 *anderer Menschen Schiffbruch*: das Thema ›Schiffbruch mit Zuschauer‹ (Hans Blumenberg hat ein gleichnamiges Buch dazu geschrieben) eröffnet das 2. Buch von Lukrez *De rerum natura* (Von der Natur der Dinge), das aber im Mittelalter und auch Petrarca unbekannt war, dafür in vielen antiken Schriften erwähnt wurde, so in den von Petrarca entdeckten *Briefen* Ciceros *an Atticus* (2, 7, 4, Ziel der Übung war es, die Menschen von ihrer Angst zu befreien).

109 *Dichterfürsten*: der spätantike lat. Autor Macrobius hat in den *Saturnalia* (5, 16, 8) die Frage erörtert, daß Homer das Schicksal (Fortuna) nicht kenne, während Vergil es als allmächtig darstelle (*Aeneis* 8, 334).
Sallust: *Die Verschwörung des Catilina* 8, 1.
Cicero: *Tuskulanen* 5, 9, 25.

110 *Numero Deus*: Vergil, *Bucolica* 8, 75, wo es sich um einen Liebeszauber handelt.

Das dritte Buch

113 *Wort des Philosophen*: Seneca *an Lucilius* 39, 6.
die edelsten Leidenschaften: ›nobilissimos affectus‹ zeigen Petrarcas neue Auffassung vom Menschen, die mit einer Aufwertung der Affekte beginnt.

115 *das Wort Ciceros*: *De senectute* (Vom Greisenalter) 23, 85; so spricht der ältere Cato über die Unsterblichkeit der Seele.

116 *Thais*: die sprichwörtliche Hure aus Terenz' Komödie *Der Eunuch*; Dante hat sie in die Hölle versetzt (Inferno 18, 133).
Livia: die Gattin des Kaisers Augustus.

117 *ins sechzehnte Jahr*: da Petrarca am 6. April des Jahres 1327 Laura zuerst erblickte und bereits die Abreise seines Griechischlehrers Barlaam (November 1342) nannte, so ist die Zeit des Gesprächs Ende 1342 oder Anfang 1343.
die Macht Hannibals: Petrarca, der Dichter der ›Africa‹, greift hoch in seinen Vergleichen; die Geliebte als Bedrohung seiner Seele wird mit dem Feind des Vaterlandes verglichen, den erst Scipio besiegte.

118 *ein Grablied*: ›Elegia ritmica in morte di Laura‹.
quos dulcis vitae: Vergil, *Aeneis* 6, 428 f.

119 *Tarda sit*: Ovid, *Metamorphosen* 15, 868.

120 *Laelius*: Cicero, *De amicitia* (Von der Freundschaft) 27, 102.
dea certe: Vergil, *Aeneis* 1, 328 f.

121 *Worte Ciceros*: *Tuskulanen* 4, 17, 39.
Suam cuique: der Dichter Atilius aus republikanischer Zeit, aus plebejischer Familie und von Cicero (an Atticus 14, 20, 3) als sehr hart (»durissimus«) charakterisiert.
qui amant: Vergil, *Bucolica* 8, 108.

126 *animum*: Ovid, *Amores* (Liebeselegien) 1, 10, 13.

127 *pythagoräischen Buchstabens*: das Y galt als von Pythagoras eingeführt und bezeichnet die Entscheidung an der Weggabelung. Es ist das Thema, das für die bildende Kunst Erwin Panofsky in *Herkules am Scheidewege* (1930, Ndr. 1997) behandelt hat.
Hic locus est: Vergil, *Aeneis* 6, 540-543; es sind die Worte der Sibylle, die Aeneas in die Unterwelt geleitet.

128 *obstupuit*: Vergil, *Aeneis*, 1, 613.
ardet amans Dido: Vergil, Aeneis 4, 101.

129 *Senecas Worte*: Anspielung auf *De vita beata* (Vom glückseligen Leben) 19, 2.
volo, nolo: Terenz, *Phormio* (Der Parasit) 5, 8, 950.

131 *sagt Cicero*: *Tuskulanen* 4, 35, 75.

qui miser: Homer, *Ilias* 6, 201-202 in der Übersetzung von Cicero, *Tuskulanen* 3, 26, 63.

132 *großen Künstlers*: Simone Martini (1283 Siena – 1344 Avignon), mit dem Petrarca befreundet war, malte in dessen Auftrag im Frühjahr 1336 ein Bildnis Lauras, wohl als Miniatur.

ihrem Namen ähnlich: Laura ist auch der Lorbeer, l'aura der Lufthauch, womit Petrarcas Lyrik immer wieder spielt.

Penēus: der größte Fluß in Thessalien, der zwischen dem Olymp und dem Öta zum Meer fließt. Der Flußgott war der Vater der Daphne, die auf der Flucht vor Apollon in einen Lorbeerbaum verwandelt wurde. Cirrha ist der dem Apoll geweihte Gipfel des Parnass.

133 *nach Neapel und Rom*: Petrarca brach im Februar 1341 von Avignon auf, um sich erst in Neapel von König Robert von Anjou »prüfen« zu lassen und dann in Rom auf dem Kapitol am 8. April mit dem Lorbeerkranz gekrönt zu werden.

Terenz: *Eunuch* 1, 1, 59-60, zitiert von Cicero, *Tuskulanen* 4, 25, 76, und Fortsetzung des Zitats, *Eunuch* 1, 1, 61-63.

134 *O indignum facinus*: Terenz, *Eunuch* 1, 1, 70-73 und die beiden folgenden Zitate daraus: 1, 1, 56 und 1, 1, 57-58.

135 *Successore novo*: Ovid, *Remedia amoris* (Mittel gegen die Liebe) 462, Ciceros Rat in den *Tuskulanen* 4, 35, 75.

der Ganges: nach Seneca, *De ira* (Vom Zorn) 3, 21, 3 habe Kyros den Fluß Gyndes (heute Diala, nicht den Ganges) in dreihundertsechzig Gräben zerteilt, siehe *Das Geschichtswerk des Herodot*, Buch 1, 1, 189 f.

137 *Heu fuge*: Vergil, *Aeneis* 3, 44, aber ins Positive gewendet. Bei Vergil ruft Polydorus dem Aeneas zu: »Wehe dir, flieh dies grausame Land, dies Räubergestade!«

wie Cicero sagt: *Tuskulanen* 4, 35, 74.

qualis coniecta: Vergil, *Aeneis* 4, 69-73, wo von Dido die Rede ist.

138 *Sokrates*: nach Seneca, *Briefe an Lucilius* 104, 7.

coelum: Horaz, *Epistel* 1, 11, 27.

139 *et prudentia curas*: Horaz, *Epistel* 1, 11, die dem vorigen Zitat vorhergehenden Verse 25-26.

141 *Seneca*: *Brief an Lucilius* 69, 3.

142 *eines alten Feindes*: Anspielung auf Vergil, *Aeneis* 4, 23, wo Dido gesteht: »Ich spüre die Glut erloschener Flammen.«
facilis descensus Averno: Vergil, *Aeneis* 6, 126-127.
143 *wie Orpheus*: Vergil, *Georgica* 4, 457 ff.
144 *Sed neque Medorum silvae*: Vergil, *Georgica* 2, 136-139.
in einem poetischen Briefe: Petrarca, *Epistola metrica* 3, 25. Diesen Brief sandte er 1349 an Ildebrandino Conti, den Bischof von Padua.
Denn es ist Abend geworden: Augustinus zitiert Petrarca, *Psalmi penitentiales* 3, 10.
145 *die Verse vergessen*: es sind die unmittelbar danach zitierten Verse aus Ovid, *Remedia amoris* (Heilmittel gegen die Liebe) 579-580.
in dem herrlichen Gedicht: es kann sich sowohl um die *Epistola metrica* 1, 14 ›Ad seipsum‹ handeln wie um a. a. O. 1, 6.
wenn Platon sagt: *Phaidros* 245 a, Petrarca zitiert nach Seneca, *De tranquillitate animi* (Von der Gemütsruhe) 17, 10.
Aristoteles: Pseudo-A., *Problemata physica* 30, 1, die klassische Stelle über die Melancholie der Helden und Genies, ebenfalls nach Seneca, *De tranq. an.*, 17, 10 zitiert.
146 *Seneca*: *Brief an Lucilius* 2, 3.
wie Cicero sagt: *Tuskulanen* 4, 35, 76.
148 *Kaiser Domitian*: Sueton, *Cäsarenleben*, Domitian 18, 3.
Numa Pompilius: die Quelle ist Servius, Vergilkommentar (In Aen.) 6, 808.
Vergil: *Bucolica*, 1, 28.
149 *Julius Caesar*: Sueton, *Cäsarenleben*, Caesar 45, 3.
Lorbeer: Plinius, *Naturgeschichte* (*Nat. hist.*) 2, 56, 146 behauptet, der Lorbeer werde nicht vom Blitz getroffen.
Kaiser Augustus: Sueton, *Cäsarenleben*, Augustus 90, 1.
150 *Hannibal*: Livius, *Römische Geschichte* 22, 2, 10-11.
Philipp von Mazedonien: Plinius, *Nat. hist.* 7, 37, 124.
Marcus Crassus: Cicero, *Tuskulanen* 5, 40, 116.
Alexander: Curtius Rufus, *Hist. Alex.*, 3, 5, 1-4.
151 *Nuper erat*: Ovid, *Metamorphosen* 10, 522 f. Die Rede ist von Adonis.
dum fatalis equus: Vergil, *Aeneis* 6, 515 f.
invadunt urbem: Vergil, *Aeneis* 2, 265.

152 *decurrere velox*: Juvenal, *Satire* 9, 126-129.
sagt Seneca: Briefe an Lucilius 4, 2.
153 *Magnus enim labor*: Petrarca, *Africa* 7, 292. Hannibal sagt es vor der Schlacht bei Zama zu Scipio.
bei Seneca: *Quaestiones naturales* 1, 17, 4.
154 *Julia, Tochter des Kaisers Augustus*: die Anekdote nach Macrobius, *Saturnalia* 2, 5, 6.
wie Cicero will: *Tuskulanen* 2, 21, 48.
155 *omnem crede diem*: Horaz, *Epistel* 1, 4, 13.
158 *Cicero*: ›Pro M. Marcello‹ (Für M. Marcellus) 8, 26.
an einer anderen Stelle: Cicero, *De inventione* 2, 55, 166.
159 »*Zerpflücken*«: Cicero, *De oratore* (Vom Redner) 3, 6, 24, ähnlich in der Rede ›Pro Sexto‹ 56, 119.
Wort Senecas: *Brief an Lucilius* 33, 7.
160 *ein Buch der Geschichte*: Petrarca, *De viris illustribus*. Er begann diese Biographien berühmter Männer der römischen Geschichte 1339, schrieb zwischen 1341 und 1343 die Viten von dreiundzwanzig Römern von Romulus bis Cato und erweiterte 1351-1353 bei seinem letzten Aufenthalt im Vaucluse den Plan auf »alle Zeiten« von Adam an.
164 *Wort Ciceros*: *De senectute* (Vom Greisenalter) 20, 74.
Quis scit: Horaz, *Carmina* 4, 7, 17 f.
165 *wie Cicero sagt*: *De senectute* (Vom Greisenalter) 7, 24.
Cicero glaubt: *De senectute* 19, 67 f.
166 *Zonen der Erde*: Die Quelle dieser geographischen und astronomischen Spekulation ist der ›Traum des Scipio‹ (*Somnium Scipionis*) in Ciceros Werk *Der Staat* (*De re publica*) 6, 20, 21 und der Kommentar des Macrobius.
167 *Gottesbürgerschaft*: Augustinus, *De civitate Dei* 16, 9.
Cicero und Vergil: *De re publica* 6, 20, 21, wie oben und Vergil, *Georgica* 1, 233-239.
168 *angustis arctatus*: Petrarca, *Africa* 2, 361-363.
Platons ›Timaios‹: Petrarca las ihn in lateinischer Übersetzung, zur Stelle der Erdbeben und Überschwemmungen (23 b) Macrobius, Kommentar zu ›Somnium Scipionis‹ 2, 10, 4.
169 *Juvenal*: *Satire* 10, 144 f .
in deiner ›Africa‹: *Africa* 2, 432.

Mox ruet: Petrarca, *Africa* 2, 431 f.
mortalia namque: Petrarca, *Africa* 2, 455-457.

170 *libris equidem*: Petrarca, *Africa* 2, 464 f.
nullum est: Terenz, *Der Eunuch*, Prolog 41.

171 *illa vel invitum*: Petrarca, *Africa* 2, 486.

173 *Damna tamen*: Horaz, *Carmina* 4, 7, 13-14.
sidera cuncta: Vergil, *Aeneis* 3, 515 spricht von dem Steuermann Palinurus.
den ewig Unbeweglichen: diese Auffassung geht auf Aristoteles, *Metaphysik* 12, 7 (1072 a) zurück, hier ist sie wohl ein Echo auf Cicero, *De re publica* 6, 25, 27.
Stufen des Alters: vgl. Seneca, *Brief an Lucilius* 24, 20.

174 *Tarda venit*: Vergil, *Georgica* 2, 58 und die Erläuterung dieser Stelle bei Seneca, *Brief an Lucilius* 86, 15.
Flumina nulla: Petrarca, Epistola metrica 1, 4, 91 f.
bei Cicero: *Tuskulanen* 1, 34, 94, bezieht sich auf Aristoteles, *Historia animalium* (Tierkunde) 5, 19 (552 b 17-23); zu den Eintagswesen auch Plinius, *Hist. nat.* 11, 43-120.

175 *Tendimus huc omnes*: Ovid, *Metamorphosen* 10, 34.

ZUR LITERATUR

Eine kommentierte Edition des lateinischen Textes (mit italienischer Übersetzung), hg. v. Ugo Dotti, gibt es im Taschenbuch, Mailand 2000. Eine größere Sammlung der Briefe Petrarcas auf deutsch wie in *Dichtung und Prosa,* hg. v. Horst Heintze ist derzeit nicht greifbar, während es die Lyrik, auch zweisprachig, in verschiedenen Sammlungen gibt, im Insel Taschenbuch hg. v. Jürgen von Stackelberg, Frankfurt 1997 und 2004. Einzelne Dialoge aus *De remediis*, Heilmittel gegen Glück und Unglück, übers. v. Rudolf Schottlaender, hg. v. Eckhard Keßler, München 1988. Die beste Einführung in die Epoche bildet immer noch Jakob Burckhardt, *Die Kultur der Renaissance in Italien*, hg. u. kommentiert von Horst Günther, Frankfurt 1989, auch im Insel Taschenbuch ^{2}2002. Über den europäischen Petrarkismus unterrichtet knapp Leonard Forster, *The Icy Fire*, Cambridge 1969. Eine Annäherung an die Gedankenwelt des *Secretum* geht über die zitierten Autoren, Vergils *Aeneis*, Horaz' *Oden und Episteln*, Ciceros *Tuskulanen*, Senecas *Lucilius-Briefe* und Augustinus, *Bekenntnisse.* Die älteren Biographien erörtern häufig historisch-biographische Einzelheiten, die außerhalb des literarischen Werkes und seiner Gedankenwelt liegen. Das gilt auch für Hans Baron, *Petrarch's Secretum, Its Making and Its Meaning*, Cambridge, Mass. 1985, der doch ganz hervorragende Aufsätze über das Krisenbewußtsein dieser Zeit geschrieben hat: *Bürgersinn und Humanismus im Florenz der Renaissance*, Berlin 1992. Zu Petrarcas Geschichtsdenken und Zeitbewußtsein zwischen Augustinus und der Moderne Horst Günther, *Zeit der Geschichte*, Frankfurt 1993. Eine umfassende Würdigung Petrarcas versucht Karlheinz Stierle, *Petrarca*, München 2003. Eine überraschende Entschlüsselung des Aufbaus des Canzoniere gibt Jacques Roubaud, *Die numerologische Anordnung der Rerum vulgarium fragmenta*, Berlin 1997.

FRANCESCO PETRARCA
LEBENSDATEN

1304 am 20. Juli wird Francesco Petrarca in Arezzo geboren. Sein Vater ist ein Notar aus Florenz, Freund und Parteigänger (weiße Welfen) von Dante und wie dieser in die Verbannung geschickt, wobei die Güter konfisziert wurden.

1307 wird sein Bruder Gherardo geboren.

1312 zieht die Familie nach Avignon, wo sich seit 1309 die päpstliche Kurie (bis 1377) in »babylonischer Gefangenschaft« der französischen Könige befindet, während Rom verkommt.

1316 geht Petrarca zum Studium der Rechte nach Montpellier.

1320 besucht er mit seinem Bruder die berühmte Universität Bologna, um seine Rechtsstudien sechs Jahre lang fortzusetzen.

1326 kehrt er, auf die Nachricht vom Tod seines Vaters, nach Avignon zurück, um sein Erbe anzutreten und sich literarischen Studien zu widmen.

1327 am 6. April erblickt er in der Kirche Sainte-Claire zu Avignon das Mädchen, das er Laura nennt. Ihr widmet er seine Gedichte.

1330 ist seine Erbschaft aufgezehrt. Er wird Kleriker, ohne je das Amt des Seelsorgers auszuüben. Formell ist er Hauskaplan bei dem befreundeten Kardinal Giovanni Colonna.

1336 auf den 26. April datiert er seine Besteigung des Mont Ventoux. Bei dem Maler Simone Martini, der nach Avignon kommt, bestellt er ein Porträt Lauras. Die erste Reise nach Rom.

1337 erwirbt er ein kleines Anwesen in Vaucluse am Ufer der Sorgue. Er beginnt seine Sammlung von Biographien antiker Helden und Herrscher *De viris illustribus*.

1338 er schreibt an einem lateinischen Versepos über den älteren Scipio, *Africa*, und beginnt die Reihe der *Trionfi*.

1340 laden ihn gleichzeitig die Universität Paris und der Senat von Rom zur Dichterkrönung ein. Er wählt Rom.

1341 erfolgt nach einer dreitägigen »Prüfung« durch König Robert von Anjou in Neapel am 8. April auf dem Kapitol in Rom die feierliche Krönung mit dem Lorbeer.

1342 erstellt er eine erste Fassung des *Canzoniere*, der Sammlung seiner Gedichte.

1343 geht sein Bruder ins Kloster; er wird Vater einer natürlichen Tochter und beginnt die Niederschrift der ›Bücher erinnerungswürdiger Dinge‹, *Rerum memorandarum libri.*

1345 macht er in Verona den bedeutenden Fund der 16 Bücher *Briefe an Atticus* von Cicero. Er denkt daran, seine eigenen Briefe in Büchern zu sammeln.

1347 scheitert der Versuch des Cola di Rienzo, Rom zu einer Republik wie im Altertum zu machen, womit Petrarca sympathisiert hatte. Er schreibt über das Klosterleben, *De otio religioso*, und beginnt mit der Niederschrift des *Secretum*, die er 1349 fortsetzt und 1353 abschließt.

1348 im Jahr der großen Pest erfährt er den Tod Lauras; er schreibt Bußpsalmen.

1353 verläßt er Vaucluse, nachdem er schon einige Zeit in verschiedenen Städten Norditaliens gelebt hat, und läßt sich in Mailand nieder.

1354 beginnt er die ›Heilmittel gegen Glück und Unglück‹, *De remediis utriusque fortunae*, zu schreiben.

1359 empfängt er den Besuch Boccaccios, der sein Freund und Schüler wird. Auf dessen Anregung schreibt er einen Brief über Dante.

1360 Gesandtschaft nach Paris zum König von Frankreich.

1361 fordert er in einem Brief Kaiser Karl IV. auf, gemeinsam mit dem Papst in Rom zu residieren. Sein Sohn Giovanni (* 1337) stirbt an der Pest.

1362 läßt er sich auf Einladung der Republik Venedig dort mit seiner bedeutenden Bibliothek nieder.

1366 ermahnt er Papst Urban V., nach Rom zurückzukehren.

1367 verfaßt er die Polemik ›Über seine eigene und vieler anderer Unwissenheit‹, *De sui ipsius et multorum ignorantia.*

1368 zieht er auf Einladung des Fürsten Francesco da Carrara nach Padua, in dessen Nähe in Arqua er sich ein Haus baut.

1372 erfährt er den Tod seines alten Freundes Philippe de Cabassole und schreibt in sein Vergil-Exemplar: »Wehe, fast bin ich nun allein!«

1373 liest er Boccaccios *Decamerone* und übersetzt die letzte (100.) Novelle ›Griselda‹ ins Lateinische.

1374 ordnet er die neunte und letzte Fassung seiner Liebeslyrik, des *Canzoniere*, und schreibt den ›Triumph der Ewigkeit‹. Er stirbt am 19. Juli. Man findet ihn in seiner Bibliothek, wie schlafend über einem Buch.

Petrarca im Studiolo. Miniatur von Francesco di Antonio del Cherico aus dem Kodex des *Canzoniere*. Biblioteca Trivulziana, Mailand

NACHWORT

Petrarca ist vielleicht der erste Autor der europäischen Literatur, den man sich wirklich als Menschen vorstellen kann. Er spricht gern von sich, wie Cicero, den er so liebte und dessen klangvoll gemessenen Prosastil er neu zu beleben versuchte. Aber er ist nicht so schrecklich klassisch, er hat nicht den Staat gerettet und die Philosophie ganz allein von Griechenland nach Rom gebracht. Petrarca kann sich zurücknehmen, er sieht Fehler ein und widerspricht sich selbst. Bei dem ungeheuren Verlangen nach Ruhm und einer nicht geringen Eitelkeit hat er doch so etwas wie Selbstironie. Und er kann überwältigend offen sein.

Er liebt die Geselligkeit gebildeter Freunde und bedarf ihrer. Ebenso braucht und sucht er die Einsamkeit. Die findet er in seiner Bibliothek bei der Lektüre der geliebten klassischen Werke, denn da ist er wie im Gespräch, und der lange verstorbene Autor wird ihm in Worten und Gedanken lebendig. Er streift durch die Natur und dichtet im Freien. Er liebt die Wildnis und seinen Garten und ist doch umgänglich. Lange bevor man seine Freundschaft als Investition in die erhoffte Unsterblichkeit betrachten konnte und Städte und Fürsten darum wetteiferten, daß er bei ihnen wohne und dichte, schätzte man seine Gegenwart. Ein Zauber ging von ihm aus.

Er schuf ein völlig neues Verhältnis zum klassischen Altertum. So innig hatte noch keiner die Autoren der heidnischen Antike bewundert und geliebt. Selbstverständlich war er, wie alle damals, Christ und, was man leicht vergißt, sogar Geistlicher. Wer seine Bildung nicht als Jurist erwarb, wie Petrarca zunächst unter väterlichem Einfluß, oder als Arzt, der konnte es nur als Theologe tun. Das blieb so bis in die Zeit von Hegel und Hölderlin. Die Artistenfakultät war propädeutisch und führte zu keinem Beruf. Sie vermittelte Vorkenntnisse, das »Trivium« aus Grammatik, Dialektik, Rhetorik und das »Quadrivium« aus Arithmetik, Geometrie, Astronomie und Musik. Diese sieben freien Künste, die »artes«, lernte man an den Universitäten aus enzyklopädisch zusammengerafften Handbüchern, während die Lektüre der »auctores«, antiker Schriftsteller und christlicher Kirchenväter, eher an den Kathedralschulen betrieben wurde.

Würde man versuchen, einen zweiten Band zu dem Thema ›Europäische Literatur und lateinisches Mittelalter‹ zu schreiben, so müßte man mit Petrarca beginnen. Ernst Robert Curtius hatte sein berühmtes Werk mit diesem Titel unter die Frage gestellt, wie die Poesie des hohen Stils und eben das, was wir immer noch und immer wieder als große Dichtung erfahren, nach dem Untergang der antiken Kultur durch die Jahrhunderte des Mittelalters überliefert wurde, ehe Dante es neu belebte. Das geschah durch die Lateinschulen, die Grammatik und die enzyklopädischen Handbücher wie ›Die Hochzeit des Merkur mit der Philologie‹ von Martianus Capella und die ›Etymologiae‹ des Isidor von Sevilla. Poesie lebte fort in Zitaten, um die Sprache der Kirche und des römischen Rechts durch Beispielsätze zu lernen und durch rhetorische Figuren wie Metaphern und Vergleiche zu schmücken.

Bei Curtius kann Petrarca nicht gut wegkommen. Im Vergleich zu Dante, dem Großen, dem Unverstandenen und Einsamen, erscheint Petrarca als der Gefällige und

Nachahmbare, der zudem die jahrhundertelang grassierende Epidemie des Petrarkismus in der europäischen Lyrik ausgelöst hat. Dabei hat Petrarca die Fragestellung von europäischer Literatur und lateinischem Mittelalter erst möglich gemacht. In den Jahrhunderten vor ihm, die wir – seit Petrarca – »Mittelalter« nennen, glaubte man sich immer noch im Römischen Reich zu befinden. Schließlich reiste man ja auf den Straßen, die römische Soldaten angelegt hatten, in die Hauptstadt des Imperiums, wohin auch die Steuern flossen, die immer noch eine Kurie verwaltete. Man wurde verarztet nach antiken medizinischen Lehrbüchern, man sprach Recht nach den römischen Gesetzen, die Kaiser Justinian hatte sammeln lassen, und ab und zu wurde ein König zum Kaiser und Imperator gekrönt ...

Diese vermeintliche Kontinuität hat erst Petrarca durchbrochen. Er teilte die historische Zeit in drei Teile. Die hinter ihm liegenden zehn Jahrhunderte, die nicht ganz zufällig auch die Zeit der Herrschaft des Christentums waren, wurden im Vergleich zum glänzenden Altertum als Epoche der Finsternis, als »tenebrae« verurteilt. Und dazu gehörten auch die damals jüngsten Errungenschaften des gar nicht mehr so dunklen Hochmittelalters, die scholastische Philosophie, der Aristotelismus der blühenden Universitäten und die durch arabische Gelehrte vermittelte Medizin. All das verfiel der Kritik durch Petrarcas Humanismus.

Dagegen verklärte er die entfernte Vergangenheit. Die Geschichte war für ihn in erster Linie die Geschichte Roms und seiner politischen und kulturellen Größe. Das Rom der republikanischen Tugenden, das Rom des guten klassischen Latein und der gewaltigen Bauten aus der Kaiserzeit, deren Überreste eindrucksvoller sind als alles seither Gebaute. Diese Vergangenheit ist aber für ihn kein mythologisches Goldenes Zeitalter des Friedens und der Unschuld. Es ist die Zeit gefährlicher Bewährungen gegen äußere Feinde (in den Punischen Kriegen) und planvoll betriebener Eroberungspolitik auf der italienischen Halbinsel und dann im gesamten Mittelmeerraum. Diese Epoche hat es wirklich gegeben. Die Hoffnung für die Zukunft richtet sich aus einer unglücklichen Gegenwart darauf, daß das, was einst gewesen ist, wiederum Wirklichkeit werden kann, denn in seinem Wesen ist sich der Mensch gleich geblieben und vermag die Welt zu gestalten.

Hoffnung im Vergangenen des klassischen Altertums zu suchen wird man nicht als romantische Sehnsucht mißverstehen. Der Humanismus Petrarcas wendet sich auch nicht, wie es nach den Religionskriegen geschah, gegen die Kirche oder das Christentum, die materiell und geistig sein Nährboden sind. Aber er kann sie verwandeln – und dafür ist das ›Secretum‹ ein beredter Zeuge. Die Wahrnehmung seiner selbst, das Bewußtsein der Rolle der Leidenschaften in seiner Seele wird geschärft durch das christliche Sündenbewußtsein, aber es führt nicht zu Reue und Buße. Petrarca will himmlische Seligkeit erringen, aber er verzichtet deshalb nicht auf die irdischen Triebkräfte Liebe und Ruhm und er verdeckt sie auch nicht durch theologische Deutungskünste. Auf die Schönheit der Natur und die Größe der geschichtlichen Welt kann er nicht verzichten, und er weiß, daß die Vernunft sich stärker an der (heidnischen) Philosophie als an der Bibel oder an der scholastischen Doktrin orientiert.

Als das Christentum entstand, war es die Religion der Erwartung eines nahen Weltendes. Es lenkte den Blick des Gläubigen auf Gott und auf die eigene Seele. Die Kenntnis des Menschen und der Welt schien man vernachlässigen zu können. Als die Welt fortdauerte, mußte man sich mit Staat und Gesellschaft, mit Wirtschaft und mit der Ethik im Haus und in der Familie, mit Gesetzen, der Gesundheit und der Bildung beschäftigen. Dazu mußte man sich auf die heidnischen Autoren des Altertums besinnen. Und auch die scholastische Philosophie und die Naturwissenschaften erfuhren ihren Aufstieg im hohen Mittelalter durch das Wiedergewinnen antiker Schriften, oft durch arabische Vermittlung: des ganzen Aristoteles und mancher Werke Platons, des Corpus der Schriften des Hippokrates und Galen für die Medizin, des Archimedes für die Mechanik.

Dagegen hatte sich der Kanon der poetischen Werke antiker Autoren kaum verändert. Petrarca suchte zwar leidenschaftlich nach unbekannten Handschriften und machte mit Ciceros Atticus-Briefen einen bedeutenden Fund, aber was er liebt und im ›Secretum‹ zitiert, das liebte und zitierte auch schon mancher gebildete Kleriker in den Jahrhunderten vor Petrarca. Seit der Karolingerzeit steht Vergil an der Spitze der bewunderten und gelesenen Autoren. Für den hohen Stil des Epos traten bald Lukan und Statius hinzu. Horaz spielte eine doppelte Rolle als Lyriker und als Satiriker. Mit den Satiren und den Versepisteln ist er das Muster für den mittleren Stil, und da schloß man bald Juvenal und Persius an. Den niederen Stil, die Komik, vertrat Terenz. Daneben standen Ovid als Lyriker und als Dichter der Mythologie, Sallust als Historiker. Die großen Prosastilisten Cicero und Seneca vermittelten Philosophie als Weisheit für das Leben. Aus der Spätantike trat Boethius hinzu, dessen ›Trost der Philosophie‹ im Mittelalter auch im höheren Unterricht gelesen wurde.

Das sind ein Dutzend Autoren in Vers und Prosa, und natürlich alle in Latein, das man überall lernte, wo es Schulen gab. Heute, wo man diese Bücher nicht mehr selbst auf Pergament abschreiben oder von anderen kopieren lassen muß, passen sie, im Original, übersetzt oder in zweisprachigen Ausgaben, in eine kleine Tasche und empfehlen sich als Ferienlektüre oder für lange Winterabende. In Petrarcas ›Secretum‹ aber werden sie vor die Instanz eines Richters gestellt, der selbst ein fruchtbarer Schriftsteller war, der die klassischen Autoren zuerst über alles geliebt hatte und dann doch beschloß, sie als nichtig zu betrachten. Augustinus ist es, der wie kein anderer vor ihm die menschliche Seele bis in ihre Abgründe ausleuchtete und der etwas Individuelles und Persönliches in seine Beziehung zu Gott brachte. Die neue Religion sollte nicht nur Kultus sein wie die heidnischen Religionen. Das Christentum verwandelte eine einzelne Biographie in Heilsgeschichte, und so sollte der einzelne sein Leben als Bekehrungsgeschichte erfahren. Der sündige Mensch ist noch nicht Christ: er soll es in einem dramatischen Augenblick der Erwählung und Bekehrung werden.

Die sprachliche Gewalt und die geistige Schulung hatte Augustinus wie jeder andere Autor bei den heidnischen Rhetoren und Philosophen erworben. Wenn er später gegen den Glanz der Sprache Ciceros und die Verführungskraft der Verse des Vergil, Horaz und Ovid kämpft, so wendet er sich dagegen, daß das Mittel sprachlicher Überzeugungskraft nicht zum bloßen Zweck werde. Es gab seit der Spätantike immer wieder Selbstvorwürfe und die Verurteilung heidnischer Bildung bei Männern der Kirche. Hieronymus, dem Übersetzer der Bibel in die bis heute gültige lateinische Vulgata, erschienen die Engel im Traum und züchtigten ihn, weil er mehr Ciceronianer als Christ zu sein meinte. Und noch der glänzende Humanist Lorenzo Valla muß, hundert Jahre nach Petrarca und tausend Jahre nach Hieronymus, das heidnische Wissen und den literarischen Stil gegen Vorwürfe engstirniger Kleriker verteidigen.

Petrarca schafft sich für seinen Dialog ›Secretum‹ einen von antiker Weisheit gesättigten Augustinus, der nicht eifert und wütet, sondern dem Irdischen ein Höheres und Unvergängliches gegenüberstellt. Petrarca hatte sich eine ungewöhnliche Freiheit und Unabhängigkeit seiner Überzeugungen erworben. Das gilt für den Umgang mit den Autoren der klassischen Antike, aber auch für seine heftigen Angriffe gegen scholastische Spitzfindigkeit und den Aberwitz der Schulmedizin, das heißt die damals führenden Wissenschaften. Er wurde zu einem erklärten Gegner der Art von Aristotelismus, die den Lehrbetrieb der noch jungen Universitäten erobert hatte. Dabei genießt er den Vorzug, gebildeter Laie zu sein, Humanist und Poet. Er spricht als Mensch und nicht als Kollege, der es besser weiß, nicht als Konkurrent, der andere von ihrem Platz verdrängt. In Augenblicken religiöser Krisen und Auseinandersetzungen kann die klassische Literatur, und die ist nun einmal heidnisch, als nichtig oder gar als bedrohlich erscheinen. Aber in Lebenskrisen und Zweifeln, von denen das ›Secretum‹ zeugt, hat sie sich behauptet und kann so wenig bezweifelt oder gar verneint werden wie die Schönheit der Landschaft, die Würde der antiken Geschichte und die Macht der Vernunft.

Späteren erschien Petrarca als ein Vorläufer, ja als der erste moderne Mensch, weil er sich an diesen Werten aufrichtet und dabei zugleich am Elend seiner eigenen Zeit leidet sowie an seinem Unvermögen, es zu verändern und das, was er gelesen hat und was er ersehnt, in die Wirklichkeit seines Zeitalters zu versetzen. Es fehlte ihm nicht an dem, was man Beziehungen nennt: er ist der Freund von Kardinälen und Königen, Päpste ehren ihn und Fürsten werben darum, daß er ihre Residenz mit seiner Gegenwart beglückt. Er hat einen gewissen Einfluß, aber der bleibt auf das mahnende Wort beschränkt. Und vielleicht konnte er deshalb spätere Jahrhunderte faszinieren, weil er so weit über die Möglichkeiten seiner eigenen Epoche hinausgreift. Dabei spielte er nicht den Seher und Propheten. Er bleibt schlicht, offen und gütig. Er ist liebenswert als Freund, und er zeigt einen ausgesprochenen Familiensinn. Er sorgt sich um den Sohn und die Tochter, die bei einem Geistlichen notgedrungen unehelicher Geburt entstammen, er ist im Alter vernarrt in seinen kleinen Enkel, und sein ganzes Leben lang bewahrt er seinem jüngeren Bruder, der Mönch wird, eine rührende Verbundenheit. Er bedarf nur weniger irdischer Güter, Bücher vor allem, eines stillen Hauses und eines Gartens. Da werkelt er nach der Anleitung antiker Bücher über den Landbau und macht eigene Versuche, immer wieder pflanzt er Lorbeer, »laurea«, im Andenken an die Geliebte.

Auch darin scheint er modern zu sein, daß er kein dauerndes Genügen im einmal Erreichten findet. Er genießt die Natur und die freie Landschaft und beschreibt sein Vergnügen in den Freundesbriefen. Er besteigt den Mont Ventoux und schildert das Glück, von oben in die Weite auf prachtvolle Landschaften zu schauen, und zugleich das Erschrekken, beim Aufschlagen der ›Bekenntnisse‹ des Augustinus bei seiner sündigen Neugier ertappt zu sein: »Und die Menschen gehen hin und bestaunen die Gipfel der Berge und die ungeheuren Fluten des Meeres und den mächtigen Lauf der Ströme und den Saum des Ozeans und die Bahnen der Gestirne und achten nicht ihrer selbst« (Buch 10, 815). Diese Erschütterung macht den erhabenen Eindruck nicht zunichte, sie steigert ihn. Er wählt nicht die Weltflucht, sondern versucht, den Zwiespalt in seiner Seele zu erkennen und, mit Vergils Weisheit, das, was die Welt zusammenhält, »rerum cognoscere causas«.

Mit ähnlichem Vergnügen wandelt er durch die antiken Trümmer Roms, als er es endlich besucht, und weiß doch, daß die Taten der alten Helden nicht das Heil der Seele erringen. Sie sind ihm darum nicht minder ruhmvoll und bedeutend. Er reist mit Vergnügen, auch in nördliche Länder, und sieht am Ufer des Rheins am Johannistag die Frauen und jungen Mädchen mit Kränzen geschmückt an den Strom gehen, wo sie die Ärmel zurückstreifen und Hände und Arme ins Wasser tauchen, damit alles drohende Unheil weggespült werde und nur Erfreuliches eintreffe. Da preist er die glücklichen Anwohner des Rheins und meint, Italiens trägere Flüsse hätten nicht die Kraft, das Übel wegzuspülen. Er öffnet sich so vielen schönen und flüchtigen Eindrücken und läßt in einer lebhaften Sprache die Leser seiner Briefe an seinen Empfindungen und Gedanken teilhaben.

Aber all das kann ebenso rasch verschwinden und verhilft ihm zu keiner dauerhaften Zufriedenheit. Heben ihn nicht die Lektüre der klassischen Werke oder sein eigenes Schreiben und Dichten oder das Streifen durch die Natur über sich selbst hinaus, so versinkt er in Melancholie. Das ist schmerzhaft und drückt ihn quälend nieder, aber wenn einer daherkommt und ihn kurieren will, so zieht er sein Leiden vor. Dieser bewußte Umgang mit seinem Leben, das unmittelbar in sein Schreiben überzugehen schien, war neu. Das bewunderte man, und viele versuchten, es ein wenig nachzuahmen. Er bildete Stil in der Selbstdarstellung und in der Wahrnehmung des inkonsequenten eigenen Inneren.

Ungeheuer schnell bildete sich eine italienische Literatur in beiden Sprachen, in Vers und Prosa, und man versuchte auch gleich, Werke und Autoren zu kanonisieren. Dante (1265-1321) hatte eine Generation vor Petrarca (1304-1374) einen gewaltigen Anfang gesetzt. Boccaccio (1313-1375) war nur wenige Jahre jünger, wurde Petrarcas Freund und hielt im Auftrag der Stadt Florenz öffentliche Vorlesungen zur Auslegung der ›Divina Commedia‹. Bald begann ein heftiges Rühmen und Schelten der Konkurrenten, ein Vergleichen des Unvergleichbaren. Niemand würde Sappho oder Pindar vorwerfen, keine Homerischen Gesänge gedichtet zu haben. Im Gegensatz zu Dantes düsterer Größe und der Geschlossenheit seiner Schöpfung, die man so wenig wie die Homers nachahmen kann, war Petrarca eingängig, leicht zu vermitteln, und man konnte ihn nachahmen.

Dafür war Dantes Welt rasch fremd geworden, sie versank ungeachtet seines Ruhms und der Begeisterung für schöne Stellen in seinem Werk, und wurde erst spät, zur Zeit der deutschen Romantik und Geschichtsphilosophie durch den jungen Schelling und den reifen Hegel wiederentdeckt und als Ganzes gewürdigt. In Italien stritt man jahrhundertelang darüber, ob Ariost oder Tasso der größere epische Dichter sei. Petrarca war für sein eigenes und das folgende Jahrhundert vor allem der lateinische Stilist in den Briefen an Freunde und in *Dialogen* in gefälliger Form über gewichtige Themen. Er vermittelte weltliche antike Weisheit für das Verständnis der Zeitgenossen. Darin beerbte ihn erst Erasmus von Rotterdam (1469-1536), als der italienische Humanismus (man rechnet dabei fünf Generationen von Petrarca an) mit dem Ende des 15. Jahrhunderts zu einer europäischen Angelegenheit geworden war, die nun andere glanzvoll betrieben.

Als die europäische Aufklärung des 18. Jahrhunderts sich im Rückblick ihrer eigenen Herkunft zu versichern suchte, erschien Petrarca nach Dantes gewaltigem Funkeln als das erste Licht, als Befreier der Philosophie von scholastischen Ketten und von der Herrschaft der Theologie. Noch Nietzsche wird ihn mit Erasmus und Voltaire in die Reihe der großen Aufklärer stellen. Nach dieser ersten Phase von Petrarcas Wirkung als lateinischer Prosaschriftsteller wird er für Europa das, was er zu seiner Zeit nur für einige italienische Leser gewesen ist, der Dichter der Liebe. Im Manierismus und Barock wird in vielen Sprachen zum Gemeingut, was Petrarca lange zuvor geschaffen hatte, eine antithetische Formelsprache der Lyrik, wobei eine erregte Leidenschaft das lyrische Ich zwischen hoffnungsloser Sehnsucht und einer sich selbst berauschenden Inspiration schwanken läßt:

> O viva morte, o dilettoso male,
> come puoi tanto in me, s'io nol consento?
> [Lebend'ger Tod! erquickungsreiche Qual!
> Wie hast du Macht an mir, die ich verneine?
> übersetzt von F. W. Riemer]

Was so unbegreiflich ist im Leben des Liebenden und was sich so heftig widerspricht, läßt sich nicht auflösen und deuten. Es findet seine Form in der antithetischen Sentenz:

ch'i' medesmo non so quel ch'io mi voglio,
e trema a mezza state, ardendo il verno.
[Ich weiß nicht was ich will / ich will nicht was ich weiß
Im Sommer ist mir kalt / im Winter ist mir heiß.
übersetzt von Martin Opitz]

In dieser Sprache kann man dichten. Martin Opitz und Paul Fleming haben es getan. Aber übersetzen kann man sie wohl nicht. Selbst Lyriker wie Stefan George und Rainer Maria Rilke, die es bei wenigen Versuchen beließen, haben es nicht geschafft. Wohl lassen sich Motive nennen, die rhythmisch zu den Endreimen wanken, aber es klingt nicht. Man schaut auf das Original und wieder auf die kunstvolle Übersetzung und schüttelt den Kopf. Die zugleich sinnliche und ideale Gewalt vollkommener Schönheit, um die es doch geht, läßt sich nicht ahnen, wenn nicht ein Dichter selbst die Feder ergreift wie Goethe in der Lynkeus-Szene im Helena-Akt des Zweiten Faust:

Laß mich knieen, laß mich schauen,
Laß mich sterben, laß mich leben,
Denn schon bin ich hingegeben
Dieser gottgegebnen Frauen.

Harrend auf des Morgens Wonne,
Östlich spähend ihren Lauf,
Ging auf einmal mir die Sonne
Wunderbar im Süden auf.
(...)

Auch die Kulturgeschichte hat von einem wunderbaren Sonnenaufgang im Süden Notiz genommen. Petrarca lebt in einer Zeit der politischen Anarchie, der ökonomischen Krisen und der Großen Pest, die in kurzer Zeit die Städte und Landstriche Europas viel stärker entvölkert als die unablässigen Kriege und manche Hungersnot. Die ritterliche Kultur war zerfallen, die der Troubadours zerstört. Es bildete sich in Städten eine literarische Kultur, die nicht mehr auf die Kathedralschulen und auch nicht auf die Universitäten angewiesen ist. Sie steht zwischen der geistlichen Bildung und der Schriftkultur der Notare, Bankiers und Fernhändler. Sie setzt Muße voraus, einen Beruf, der Zeit für Bildung läßt, eine geistliche Pfründe, ein kleines Amt oder die Anstellung bei einem der vielen Fürsten Italiens.

Avignon war eine Stadt des Austauschs und der Begegnung von italienischer und französischer Kultur, wie es Florenz schon lange vorher und in nicht geringerem Maße gewesen war. Der Fernhandel lenkte den Blick nach Norden, auf englische Wolle und flämische Tuchfabrikate, und die Treffpunkte lagen in der Champagne, nicht weit von Paris, wo zu festgesetzten Zeiten sechsmal im Jahr die großen Märkte stattfanden. Dantes Lehrer Brunetto Latini hatte seine kleine Enzyklopädie zur Bildung der Laien, ›Livres dou Tresor‹, auf altfranzösisch geschrieben, und Paolo und Francesca da Rimini verfielen dem Zauber der Liebe bei der Lektüre des französischen ›Lancelot du Lac‹. Dieses Verhältnis von französischer und italienischer Kultur kehrte sich langsam um, die italienische Poesie und Gelehrsamkeit überragte die französische und regte sie ihrerseits an.

Petrarcas Humanismus war literarisch, seine Philosophie eine Kunst des Lebens. Die unersättliche wissenschaftliche Neugier mancher Zeitgenossen kannte er nicht. König Robert von Anjou in Neapel, der Petrarca drei Tage prüfte, ehe er ihn nach Rom zur Dichterkrönung ziehen ließ, war ihm darin weit voraus. In seinem Auftrag übersetzte allein der gelehrte Kalonymos, aus einer jüdischen Familie in Arles, etwa dreißig griechische und arabische Werke ins Lateinische, die von Philosophie, Medizin, Physik und Mathematik handelten. Petrarca dagegen regte Pierre Bersuire (Petrus Berchorius) zu seinem wirkungsvollen ›Ovidius moralizatus‹ an, einer deutenden Erklärung des mythologischen Personals in Ovids ›Metamorphosen‹, wonach man künftig Götter und Helden beschrieb und bildlich darstellte. In den illuminierten Handschriften wurden die Heidengötter nicht länger als dem Maler zeitgenössische Ritter, Mönche und Damen abgebildet. Boccaccios Werk ›Genealogia deorum‹ (Stammbäume der Heidengötter) blieb mehr auf Italien beschränkt. Petrarca war beiden als Dichter vorangegangen. Im dritten Buch des Epos ›Africa‹ hatte er das Pantheon der antiken Götter geschildert.

Den Bezug zur Antike müssen einzelne und Generationen stets neu herstellen und werden es jeweils anders tun. Wenn es eine nahezu religiöse Verehrung des Altertums gegeben hat, so ist Petrarca einer ihrer Stifter gewesen. Wo man die alten Sprachen liebt und das Lateinische rein zu schreiben versucht, ist er ein Vorbild. Weil nahezu alles Schriftliche in Kirche, Verwaltung, Recht und Wissenschaft damals lateinisch war, nutzte es sich ab und verschliff sich im Alltäglichen. Daraus mußte man es zu lösen versuchen. Nicht wie pedantische Schulmeister, sondern um es für den literarischen Gebrauch vom vertrauten Freundesbrief über den lebhaften Dialog bis hin zur epischen Poesie geschmeidig zu machen. Sich vom damals gesprochenen Mönchs- und Gelehrtenlatein abzuheben, bedeutete ja nicht etwa, sich in einer toten Sprache zu mumifizieren. Besonders im romanischen Bereich konnte es ein Mittel sein, die Sprachen und das Selbstbewußtsein alter Völker, die inzwischen zu jungen Nationen wurden, zu beleben. Dem Latein bekommt es gut, sich von neuem an klassischen Mustern zu orientieren, obwohl auch das gepflegte Humanistenlatein unmerklich im Satzbau und in der Wortfolge sich den neueren Sprachen anpaßt. Die romanischen Sprachen, aber auch das Englische, können sich selbständig entwickeln und sich doch überall da, wo man etwa abstrakte Begriffe braucht, unmittelbar aus dem Latein ergänzen und bereichern. Dante war darin großartig vorangegangen.

In der lateinischen Literatur des europäischen Mittelalters ist Petrarca der erste, der für Italien eine besondere Rolle fordert. In Avignon residierte nicht lediglich der Papst, sondern unter dem Druck des französischen Königs war ein italienisches Monopol gebrochen: dort wurden Franzosen zum Papst gewählt. Die Kaiser kamen seit Karl dem Großen stets über die Alpen nach Rom, aber mit dem Erwachen eines italienischen Selbstbewußtseins fiel es unangenehm auf. Man sah die Ruinen des antiken Rom mit anderen Augen an, und Petrarca mahnte seine Landsleute, stolz auf ihr großes Altertum zu blicken, sich auf die alten Römertugenden zu besinnen und Ansprüche an die Gegenwart durch Taten zu begründen.

Wie aber sah es in Wirklichkeit aus? Italien war in viele kleine Staaten zerfallen. Die Tyrannen beherrschten meist nur eine Stadt mit der Landschaft darum herum, die selbstsüchtigen Kaufmannsrepubliken, die gerade die großen Kräche der einst mächtigen Bankhäuser zu verkraften hatten, verfügten über kein größeres Gebiet und konnten es nur verteidigen, wenn Geld in der Kasse war. Schließlich entvölkerte um 1348 die Schwarze Pest das Land, so daß es zwar keine Armen mehr gab, aber es wollte auch keiner mehr dienen oder für geringen Lohn arbeiten. Was wir heute an der italienischen Renaissance schätzen, die Werke der Kunst und Literatur, den entwickelten Geist der Kritik, die einzigartige Mischung von Vernunft und Leidenschaft, das konnte sich nur in Stadtkulturen ohne staatlichen Zwangsapparat entwickeln, das brauchte die Freiheit und die Gefährdung der Existenz. Und es gehört völlig in die Logik dieser Entwicklung, daß diese Kultur ganz Europa befruchtete, sich aber gegen die erstarkenden Nationalstaaten nicht behaupten konnte.

So kann man es als ein Glück betrachten, daß der Politiker Petrarca scheiterte. Der Lyriker aber wird überall da, wo man die Klangschönheit des Italienischen zu genießen vermag, ein hohes Vergnügen hervorbringen. Seine Motive und Formen sind durch die Jahrhunderte hin Allgemeingut geworden und in die trivialen Gattungen abgesunken. Wenn ein Dichter mit ihnen spielt, dann heben sie sich unversehens wieder. Von einer ganz anderen Aktualität ist der Autor, der seine eigene Seele erforscht und sie zwar keinem Zeitgenossen enthüllt, aber dem einzigen Augustinus, der ihm neuneinhalb Jahrhunderte früher darin vorangegangen ist – und seiner Nachwelt. Und das ist jeder einzelne von uns.

Die alten Streitfragen der Petrarca-Forschung, ob, wie und worin unser Autor jeweils modern oder mittelalterlich ist, sind immer belangloser geworden. Was wir als modern empfinden, ändert sich stetig und ebenso das, worauf die

Historiker des Mittelalters ihren Blick richten. Wir haben es erlebt, daß Autobiographien, die als unerhörte Entblößung des Inneren galten, bald durch andere Enthüllungen überholt wurden und nun als Produkt der Verdrängung des Eigentlichen angesehen wurden. Aber weder Kern noch Wahrheit zeigen sich dort, wo einer Schale für Schale wie bei einer Zwiebel entfernt.

Petrarca nimmt den Leser mit ungeheurer Offenheit in das auf, was er als sein Innerstes zu erkennen vermag. Er läßt ihn teilhaben an seinem Leiden. Es ist keine bestimmte Krankheit und schon gar nicht die Stumpfheit, die weltabgeschiedene Mönche bedroht. Wenn er sein Leiden schildert, so will er nicht andere in falsch verstandener Intimität zu Gefährten machen. Und er ist ganz und gar kein Fall, den der kundige Arzt durch das richtige Specificum heilen könnte. Er stellt ein Leiden dar, das der ganzen Menschheit zugeteilt ist, das unserer »conditio humana«. Daß wir vorläufig sind, der Zeit unterworfen, daß unser Wollen keine Taten schafft, unser Planen ins Leere geht und unsere Sterblichkeit uns immer und nicht erst am Ende vor Augen steht.

Das ›Secretum‹, das Petrarca für sich selbst und die Nachwelt schreibt, ist das erste wirkliche Therapiegespräch der Weltliteratur. Es ist keine Klage, es zielt auf ein verstehendes Heilen, auf eine Stärkung des inneren Widerstands. Bei diesem Leiden helfen die Kraft des Gedankens, die Macht der Vernunft und sogar der Stil seiner Sprache, den Blick über das Zeitliche hinaus dahin zu lenken, woher wir kommen und wohin unser Denken sich richtet. Die Betrachtung des Woher und Wohin unseres Daseins hat den Autor tief erschüttert, als er sein Buch begann. Da vermögen ihm weder der Glaube noch die Hoffnung und nicht einmal die Liebe zu helfen: er bedarf der Wahrheit. Selbst Augustinus ist in den drei Gesprächen, die das Leiden lösen und bewußt machen, kein Verkünder christlicher Doktrin, sondern beinahe ein antiker Philosoph.

Der Augustinus des ›Secretum‹ nimmt seine religiöse Überzeugung in die griechische Weisheit auf, aus der ihre Begriffe stammen. Die Unruhe alles Irdischen, unter der Petrarca leidet, und die schlimmere Eitelkeit, sich selbst für unglücklich zu halten, entdeckt und bezwingt dieser Augustinus mit stoischem Dulden und mit der platonischen Überzeugung von der Unvergänglichkeit der wirklichen Welt idealer Formen und Gedanken. Am Ende steht keine falsche Versöhnung, keine Reue und dramatische Bekehrung. Petrarcas Seele ist durchgearbeitet und ruhiger geworden, aber vor ihm liegt die irdische Aufgabe des Poeten: die Wahrheit der Dinge zu offenbaren, die in den Schleier der Dichtung verwoben ist.

Horst Günther

Zu dieser Ausgabe

insel taschenbuch 3021: Francesco Petrarca, *Über den geheimen Widerstreit meiner Sorgen* (*Secretum*). In der Übersetzung von Hermann Hefele herausgegeben und mit einem Nachwort versehen von Horst Günther. Die Übersetzungen des ›*Secretum*‹ und des ›*Briefs an die Nachwelt*‹ erschienen erstmals in Band 2 der Reihe »Das Zeitalter der Renaissance«, hg. von Marie Herzfeld, Eugen Diederichs Verlag Jena 1910. Sie wurden für diese Ausgabe durchgehend überarbeitet. Umschlagabbildung: Augustinus liest den Paulus-Brief. Aus dem Freskenzyklus über das Leben des heiligen Augustinus von Benozzo Gozzoli in der Kirche Sant'Agostino in San Gimignano. 1464/65.

Philosophie
im insel taschenbuch
Eine Auswahl

Augustinus. Bekenntnisse. it 1002. 1046 Seiten

Augustinus. Liebe und tu, was du willst. Ausgewählt von Michael Treberian. Großdruck. it 2382. 90 Seiten

Ernst Bloch. Ins Gelingen verliebt. Aphorismen und Lebensweisheiten. Ausgewählt vonKarlheinz Weigand. Eingeleitet von Klaus Kufeld. Mit farbigen Illustrationen von F. W. Bernstein. it 2702. 95 Seiten

Boethius. Trost der Philosophie. Zweisprachige Ausgabe. Übersetzt von Ernst Neitzke. Mit einem Vorwort von Ernst Ludwig Grasmück. it 1215. 344 Seiten

Epiktet. Wege zum glücklichen Handeln. Übersetzt von Wilhelm Capelle. it 1458. 221 Seiten

Epikur. Philosophie der Freude. Hauptlehrsätze. Spruchsammlung. Fragmente. Übertragen und mit einem Nachwort versehen von Paul M. Laskowsky. it 1057. 121 Seiten

Denken mit Kant. Ein philosophisches Lesebuch. Herausgegeben von Wilhelm Weischedel. it 2991. 234 Seiten

Kant für Gestreßte. Ausgewählt von Ursula Michels-Wenz. it 2990. 180 Seiten

Kierkegaard für Gestreßte. Ausgewählt von Johan de Mylius. it 2661. 192 Seiten

NF 43/1/2.04

Konfuzius. Die Weisheit des Konfuzius. Übersetzt und eingeleitet von Hans H. O. Stange. Mit einem Nachwort von Ursula Gräfe. it 2999. 112 Seiten

Konfuzius für Gestreßte. Ausgewählt von Ursula Gräfe. it 2754. 128 Seiten

Georg Christoph Lichtenberg
- Aphorismen. In einer Auswahl. Herausgegeben und mit einem Nachwort versehen von Kurt Batt. it 165. 316 Seiten
- Krokodile im Stadtgraben. Sudelsprüche und Schmierbuchnotizen. Ausgewählt und mit Zeichnungen versehen von Robert Gernhardt. it 2595. 321 Seiten
- Lichtenbergs Funkenflug der Vernunft. Herausgegeben von Jörg-Dieter Kogel, Wolfram Schütte und Harro Zimmermann. it 1414. 128 Seiten
- Sudelbücher. Herausgegeben von Franz H. Mautner. Mit einem Nachwort, Anmerkungen zum Text, einer Konkordanz der Aphorismen-Nummern und einer Zeittafel. it 792. 683 Seiten

Niccolò Machiavelli
- Discorsi. Über Staat und Politik. Übersetzt von Friedrich von Oppeln-Bronikowski. Herausgegeben von Horst Günther. it 2551. 513 Seiten
- Der Fürst. Übersetzt von Friedrich von Oppeln-Bronikowski. Mit einem Nachwort von Horst Günther. it 1207. 176 Seiten
- Machiavelli für Manager. Sentenzen. Ausgewählt von Luigi und Elena Spagnol. it 1733. 109 Seiten

NF 43/2/2.04